1 異《い》文《ぶん》

異 イ こと

収 シュウ おさめる おさまる

□《い》例《れい》の出世《しゅっせ》で月《げっ》□《しゅう》が上《あ》がる。

□《い》性《せい》とのけんかが□《おさ》まった。

□《い》常気象《じょうきしょう》の大雨《おおあめ》が□《おさ》まった。

本箱《ほんばこ》に辞典《じてん》を十巻《じっかん》□《しゅう》納《のう》した。

考《かんが》えは□《こと》なるが親友《しんゆう》だ。

□《い》文化《ぶんか》を吸《きゅう》□《しゅう》する。

月　日

点／10点

おうちの方へ　宇は「宇宙」だけが教科書にのっている言葉です。６年生では宇・我・忘れるなど熟語の少ない漢字が多く出てきます。

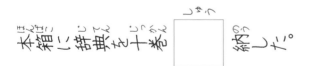

2 遺《い》書《しょ》開《かい》ふうは延《えん》期《き》した。

遺 イ

延 エン のびる のべる のばす

作《さっ》家《か》の□《い》作《さく》展《てん》の期《き》限《げん》を□《の》ばす。

□《い》せき発《はっ》くつに□《の》べ二《に》千《せん》人《にん》。

□《い》せき見《けん》学《がく》は□《えん》期《き》された。

降《こう》雪《せつ》のため、出《しゅっ》発《ぱつ》を□《の》ばす。

祖《そ》父《ふ》の□《い》産《さん》は高《こう》額《がく》だった。

□《い》書《しょ》開《かい》ふうは□《えん》期《き》した。

月　日

点／10点

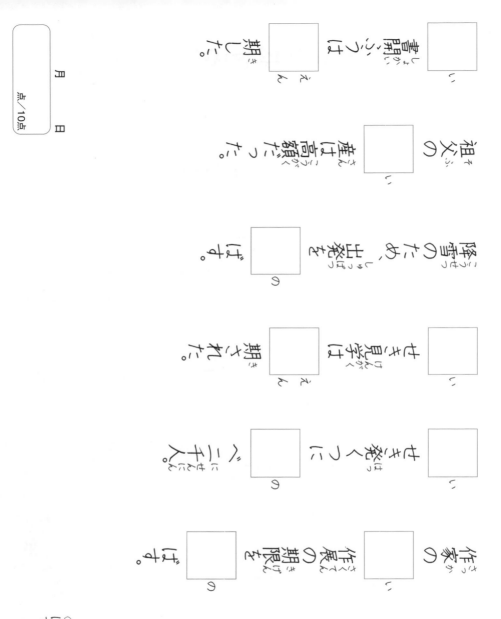

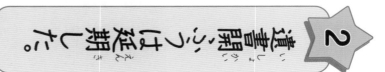

3 川《かわ》の流域《りゅういき》に臨時《りんじ》の橋《はし》。

域《イキ》 臨《リン》

この領《りょう》□《いき》に君《くん》□《りん》した王《おう》。

発展《はってん》した□《りん》海工業地《かいこうぎょうち》□《いき》。

□《りん》時《じ》にこの区《く》□《いき》に道《みち》を通《とお》す。

□《りん》機応変《きおうへん》に処置《しょち》する。

この海《かい》□《いき》は海難事故多発地域《かいなんじこたはっちいき》。

川《かわ》の流《りゅう》□《いき》に□《りん》時《じ》の橋《はし》。

月　　日

点／10点

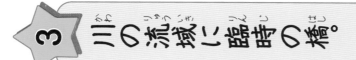

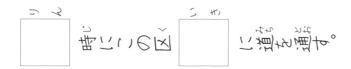

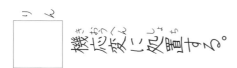

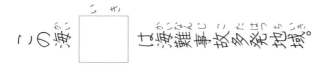

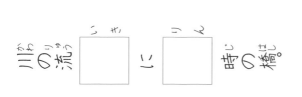

4 宇《う》宙《ちゅう》船《せん》に物《ぶっ》資《し》を運《はこ》ぶ。

宇《ウ》　宙《チュウ》

□《う》□《ちゅう》旅《りょ》行《こう》も夢《ゆめ》ではない。

白《はく》鳥《ちょう》座《ざ》は□《う》□《ちゅう》の銀《ぎん》河《が》系《けい》にある。

将《しょう》来《らい》の夢《ゆめ》は□《う》□《ちゅう》飛《ひ》行《こう》士《し》。

体《たい》育《いく》館《かん》で□《ちゅう》返《がえ》りをする。

人《にん》間《げん》は□《ちゅう》に浮《う》けない。

□《う》□《ちゅう》船《せん》に物《ぶっ》資《し》を運《はこ》ぶ。

月　日

点／10点

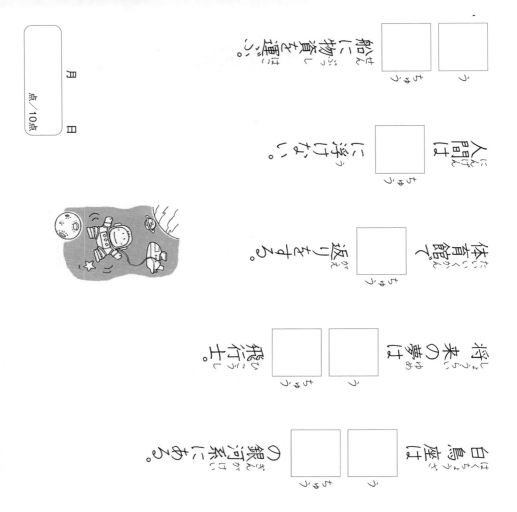

5 映《えい》画《が》俳《はい》優《ゆう》の名《めい》演《えん》技《ぎ》。

映　エイ　うつる　うつす
俳　ハイ

□《はい》人《じん》の人《ひと》がらを反《はん》□《えい》する□《はい》句《く》。

夕暮《ゆうぐ》れの風景《ふうけい》を□《うつ》し出《だ》す□《はい》句《く》。

□《はい》句《く》を何度《なんど》も読《よ》んで味《あじ》わう。

父《ちち》は□《えい》画《が》かん賞《しょう》が好《す》き。

鏡《かがみ》に姿《すがた》を□《うつ》す。

□《えい》画《が》□《はい》優《ゆう》の名《めい》演《えん》技《ぎ》。

月　　日

点／10点

6 川《かわ》筋《すじ》に沿《そ》った国《こく》道《どう》。

筋 キン すじ
沿 エン そう

□《えん》道《どう》に鉄《てつ》□《きん》のビルが並《なら》ぶ。

話《はなし》の□《すじ》に□《そ》って読《よ》んでいく。

腹《ふっ》□《きん》も背《はい》□《きん》もきたえる。

□《えん》岸漁業《がんぎょぎょう》が発達《はったつ》している日本《にほん》。

□《すじ》道《みち》を立《た》てて話《はな》す。

川《かわ》□《すじ》に□《そ》った国道《こくどう》。

月　　日

点／10点

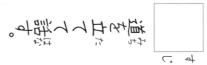

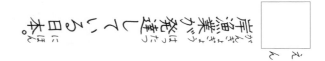

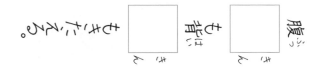

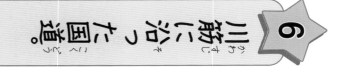

7 我《われ》々《われ》は道順《みちじゅん》を忘《わす》れた。

我《われ》
忘《わすれる》

□《われ》を□《わす》れて読書《どくしょ》にふける。

□《われ》先《さき》にと□《わす》れ物《もの》を取《と》りに帰《かえ》る。

□《われ》らの母校《ぼこう》を□《わす》れるな。

宿題《しゅくだい》を□《わす》れてしまった。

かたをたたかれて□《われ》に返《かえ》る。

□《われ》々《われ》は道順《みちじゅん》を□《わす》れた。

月　日

点／10点

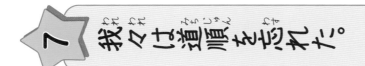

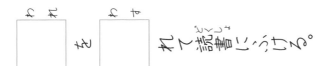

8 班長《はんちょう》は灰皿《はいざら》を投《な》げた。

班《ハン》　灰《はい》

1. 作業《さぎょう》□《はん》は□《はい》皿《ざら》を集《あつ》める。
2. □《はん》の疑問点《ぎもんてん》は□《はい》色《いろ》のまま。
3. □《はん》ごとに火山《かざん》□《ばい》を観察《かんさつ》する。
4. 火山《かざん》□《ばい》はキラキラしている。
5. 救護《きゅうご》□《はん》は急《いそ》いで現場《げんば》に向《む》かった。
6. □《はん》長《ちょう》は□《はい》皿《ざら》を投《な》げた。

1日1ページがんばろう！

月　　日

点／10点

9 図《ず》を拡大《かくだい》・縮小《しゅくしょう》する。

拡　カク
縮　シュク　ちぢむ　ちぢめる

軍備《ぐんび》□《しゅく》小会議《しょうかいぎ》参加国《さんかこく》が□《かく》大《だい》。

公園《こうえん》の□《かく》張工事《ちょうこうじ》の□《しゅく》図《ず》。

圧《あっ》□《しゅく》空気《くうき》がたちまち□《かく》散《さん》。

一秒短《いちびょうたん》□《しゅく》のために練習《れんしゅう》をする選手《せんしゅ》。

寒《さむ》くて身《み》を□《ちぢ》める。

図《ず》を□《かく》大《だい》・□《しゅく》小《しょう》する。

月　日

点／10点

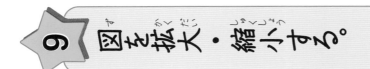

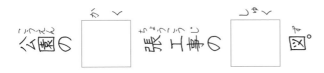

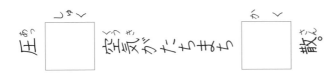

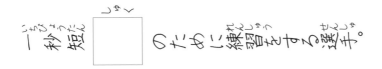

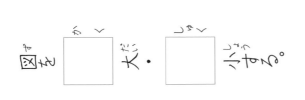

10 改《かい》革《かく》推《すい》進《しん》が多《た》数《すう》派《は》。

革《カク》 推《スイ》

政治《せいじ》□《かく》新《しん》が□《すい》進《しん》できない。

人工皮《じんこうひ》□《かく》製品《せいひん》が増加《ぞうか》と□《すい》測《そく》。

□《すい》理《り》小説《しょうせつ》に技術《ぎじゅつ》□《かく》新《しん》が起《お》きた。

□《すい》論《ろん》から実証《じっしょう》へ。

iPS細《さい》ぼうで医学《いがく》□《かく》命《めい》。

改《かい》□《かく》□《すい》進《しん》が多《た》数《すう》派《は》。

月　日

点／10点

11 民《みん》衆《しゅう》が望《のぞ》む内《ない》閣《かく》誕《たん》生《じょう》。

衆 シュウ
閣 カク

□《しゅう》議《ぎ》院《いん》で内《ない》□《かく》総《そう》理《り》大《だい》臣《じん》を指《し》名《めい》。

□《しゅう》議《ぎ》院《いん》からたくさん入《にゅう》□《かく》した。

金《きん》□《かく》に観《かん》□《しゅう》が来《き》た。

大阪《おおさか》城《じょう》の天《てん》守《しゅ》□《かく》は復《ふく》元《げん》された。

群《ぐん》□《しゅう》が城《しろ》にこもった島《しま》原《ばら》の乱《らん》。

民《みん》□《しゅう》が望《のぞ》む内《ない》□《かく》誕《たん》生《じょう》。

月　日

点／10点

おうちの方へ

p.15にある「一尺」は昔の長さの単位で、今の約30㎝です。「衆議院」や「島原の乱」など社会科の言葉も出ています。

12 二《に》割《わり》の値《ね》引《び》きは無理《むり》。

割　わる　わり　われる

値　ね　チ

価《か》□《ち》の高《たか》い皿《さら》が□《わ》れた。

□《わ》り算《ざん》で平均《へいきん》□《ち》を求《もと》める。

□《ね》札《ふだ》以上《いじょう》の□《わり》引《びき》はできない。

□《わり》合《あい》を百分率《ひゃくぶんりつ》で表《あらわ》す。

君《きみ》の存在《そんざい》に価《か》□《ち》がある。

二《に》□《わり》の□《ね》引《び》きは無理《むり》。

月　　日

点／10点

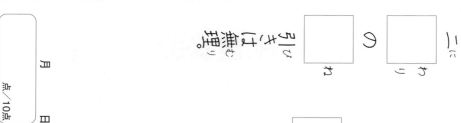

13 株《かぶ》式《しき》会《がい》社《しゃ》の創《そう》設《せつ》者《しゃ》。

株 かぶ

創 ソウ つくる

雑誌《ざっし》を□《そう》刊《かん》した□《かぶ》式会社《しきがいしゃ》。

独《どく》□《そう》的《てき》な活動《かつどう》をする□《かぶ》式会社《しきがいしゃ》。

切《き》り□《かぶ》の横《よこ》に□《そう》造的《ぞうてき》なちょう刻《こく》。

□《かぶ》分《わ》けした花《はな》を育《そだ》てる。

新《あたら》しい文化《ぶんか》を□《つく》り出《だ》す。

□《かぶ》式会社《しきがいしゃ》の□《そう》設者《せつしゃ》。

月　日

点／10点

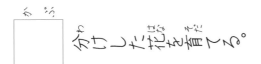

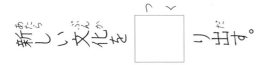

14 干潮《かんちょう》の海《うみ》で貝《かい》を採《と》る。

干　カン　ほす
潮　チョウ　しお

□《しお》の□《かん》満《まん》の差《さ》が大《おお》きい内海《うちうみ》。

黒《くろ》□《しお》と親潮《おやしお》がぶつかる□《しお》目《め》。

梅《うめ》□《ぼ》しと□《ほ》し魚《ざかな》の昼食《ちゅうしょく》。

□《かん》害《がい》で米《こめ》が不作《ふさく》だ。

社会《しゃかい》の風《ふう》□《ちょう》に流《なが》されない考《かんが》え方《かた》。

□《かん》□《ちょう》の海《うみ》で貝《かい》を採《と》る。

月　　日

点／10点

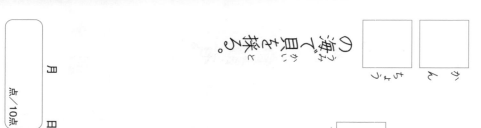

15 長《なが》さを巻尺《まきじゃく》で測《はか》る。

巻　カン　まく　まき

尺　シャク

わからないときは、もう一度
右下の漢字の読みを確認《かくにん》しよう。

□《しゃく》八《はち》の演奏者《えんそうしゃ》を取《と》り□《ま》いてきく。

下《げ》□《かん》の□《かん》末《まつ》に全漢字《ぜんかんじ》がある。

絵《え》□《まき》物《もの》から昔《むかし》の価値《かち》□《しゃく》度《ど》を予想《よそう》。

一《いっ》□《しゃく》の的《まと》を弓《ゆみ》で射《い》る行事《ぎょうじ》。

縮《しゅく》□《しゃく》百分《ひゃくぶん》の一《いち》の縮図《しゅくず》をかく。

長《なが》さを□《まき》□《じゃく》で測《はか》る。

月　　日

点／10点

16 年《とし》が若《わか》い看《かん》護《ご》師《し》。

若《わかい》 看《カン》

「□《わか》返《がえ》る」とある大《おお》□《かん》板《ばん》。

母親《ははおや》の□《かん》病《びょう》をする□《わか》い人《ひと》。

老人《ろうじん》□《かん》護《ご》は□《わか》者《もの》にも厳《きび》しい仕事《しごと》。

□《わか》草色《くさいろ》の山《やま》の景色《けしき》。

祖父《そふ》を□《かん》病《びょう》する祖母《そぼ》。

年《とし》が□《わか》い□《かん》護《ご》師《し》。

月　日

点／10点

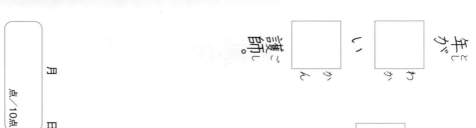

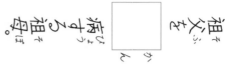

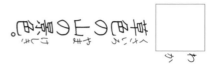

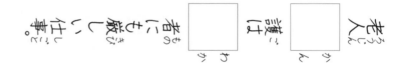

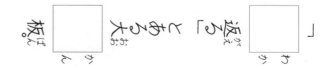

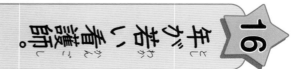

17 簡《かん》易《い》書《かき》留《とめ》は郵《ゆう》便《びん》局《きょく》で。

簡 カン
郵 ユウ

往復書《おうふくしょ》□《かん》はいつも□《ゆう》送《そう》。

□《ゆう》便葉書《びんはがき》の便《たよ》りは□《かん》便《べん》。

□《ゆう》便切手《びんきって》は□《かん》単《たん》に手《て》に入《はい》る。

卒業式《そつぎょうしき》が□《かん》素《そ》化《か》された。

お年玉《としだま》を□《ゆう》便局《びんきょく》で貯金《ちょきん》した。

□《かん》易書留《いかきとめ》は□《ゆう》便局《びんきょく》で。

月　　日

点／10点

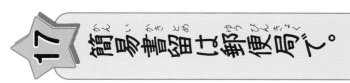

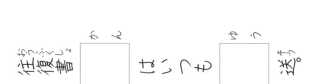

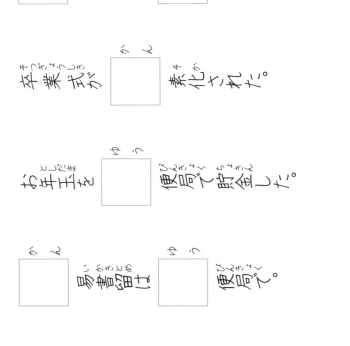

18 危《き》険《けん》な場《ば》所《しょ》を警《けい》備《び》。

危 キ あぶない

警 ケイ

□《き》害《がい》を加《くわ》えられ、□《けい》察《さつ》に行《い》った。

大雨《おおあめ》で□《き》険《けん》がせまり□《けい》報《ほう》が出《で》た。

冬山《ふゆやま》は□《あぶ》ないと□《けい》告《こく》された。

□《けい》官《かん》が交番《こうばん》に勤務《きんむ》する。

輸血《ゆけつ》をし、□《き》機《き》をだっした。

□《き》険《けん》な場所《ばしょ》を□《けい》備《び》。

月　　日

点／10点

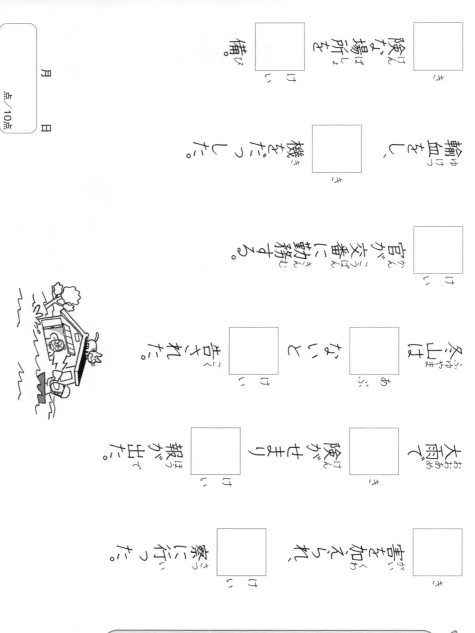

19 机《つくえ》を運《はこ》ぶ後《うし》ろ姿《すがた》。

机《つくえ》

姿《シ》《すがた》

□《し》勢《せい》を正《ただ》して□《つくえ》に向《む》かう。

□《つくえ》の横《よこ》の鏡《かがみ》に□《すがた》を映《うつ》す。

勉強《べんきょう》する□《し》勢《せい》を整《ととの》え□《つくえ》に向《む》かう。

着《き》物《もの》□《すがた》の美《うつく》しい母《はは》。

祖《そ》父《ふ》に買《か》ってもらった学習《がくしゅう》□《づくえ》。

□《つくえ》を運《はこ》ぶ後《うし》ろ□《すがた》。

月　日

点／10点

20 器《き》楽《がく》演《えん》奏《そう》の指《し》揮《き》。

奏《ソウ》　揮《キ》

独《どく》□《そう》で実力《じつりょく》を発《はっ》□《き》する。

合《がっ》□《そう》の指《し》□《き》者《しゃ》はあせだくだ。

前《ぜん》□《そう》曲《きょく》でも名指《めいし》□《き》ぶり。

ガソリンは□《き》発油《はつゆ》。

前《ぜん》□《そう》が終《お》わり幕《まく》が開《あ》く。

器楽演《きがくえん》□《そう》の指《し》□《き》。

月　　日

点／10点

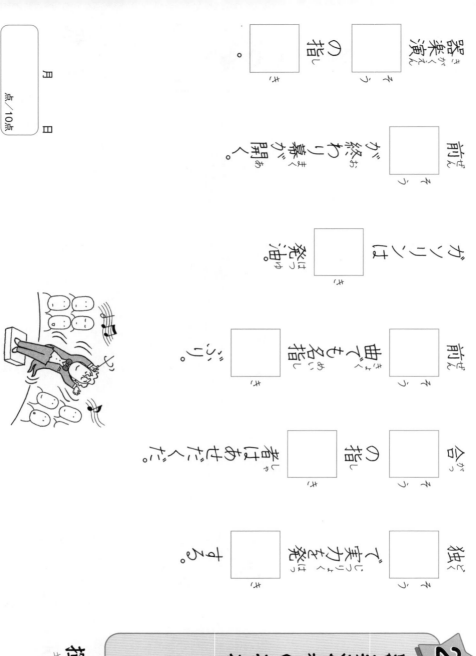

貴 キ
宝 ホウ たから

21 貴重《きちょう》な宝物《ほうもつ》の展示会《てんじかい》。

□《き》族《ぞく》の館《やかた》が国《こく》□《ほう》に指定《してい》された。

□《ほう》石《せき》を□《き》金属《きんぞく》売《う》り場《ば》で買《か》う。

財《ざい》□《ほう》展見学《てんけんがく》は□《き》重《ちょう》な体験《たいけん》でした。

平安《へいあん》□《き》族《ぞく》をえがいた源氏物語《げんじものがたり》。

祖母《そぼ》は五人《ごにん》の子《こ》□《だから》にめぐまれた。

□《き》重《ちょう》な□《ほう》物《もつ》の展示会《てんじかい》。

月　日

点／10点

おうちの方へ 理科「動植物の体のはたらき」の内容も、漢字で書けるようになりましょう。

22 天《てん》皇《のう》皇《こう》后《ごう》両《りょう》陛《へい》下《か》行《ぎょう》幸《こう》。

皇 コウ オウ
＊天皇《てんのう》

陛 ヘイ

天《てん》□《のう》□《へい》下《か》の誕生日《たんじょうび》。

□《こう》后《ごう》□《へい》下《か》の外国訪問《がいこくほうもん》。

□《こう》太后《たいごう》□《へい》下《か》は亡《な》くなった。

両《りょう》□《へい》下《か》はひ災地《さいち》を訪問《ほうもん》された。

□《こう》太子《たいし》は皇居《こうきょ》にお住《す》まい。

天《てん》□《のう》皇后両《こうごうりょう》□《へい》下行幸《かぎょうこう》。

月　　日

点／10点

23 疑《ぎ》問《もん》点《てん》を洗《あら》い出《だ》す。

疑 ギ うたがう
洗 セン あらう

半信半《はんしんはん》□《ぎ》で傷口《きずぐち》を消毒薬《しょうどくやく》で□《あら》う。

容《よう》□《ぎ》者《しゃ》は□《あら》いざらい話《はな》した。

□《せん》顔《がん》したか□《うたが》わしい顔《かお》。

質《しつ》□《ぎ》応答《おうとう》の時間《じかん》を取《と》る。

□《せん》面所《めんじょ》で手《て》を洗《あら》う。

□《ぎ》問点《もんてん》を□《あら》い出《だ》す。

月　日

点／10点

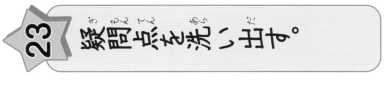

24 動植物《どうしょくぶつ》は呼吸《こきゅう》する。

呼 コ よぶ

吸 キュウ すう

母《はは》は乳《ちち》を□《す》う子《こ》の名《な》を□《よ》んだ。

□《こ》□《きゅう》器官《きかん》の仕組《しく》みを勉強《べんきょう》。

息《いき》を□《す》って大声《おおごえ》で□《よ》ぶ。

養分《ようぶん》は小腸《しょうちょう》で□《きゅう》収《しゅう》される。

児童会《じどうかい》に□《こ》応《おう》してぼ金活動《きんかつどう》。

動植物《どうしょくぶつ》は□《こ》□《きゅう》する。

月　　日　　点／10点

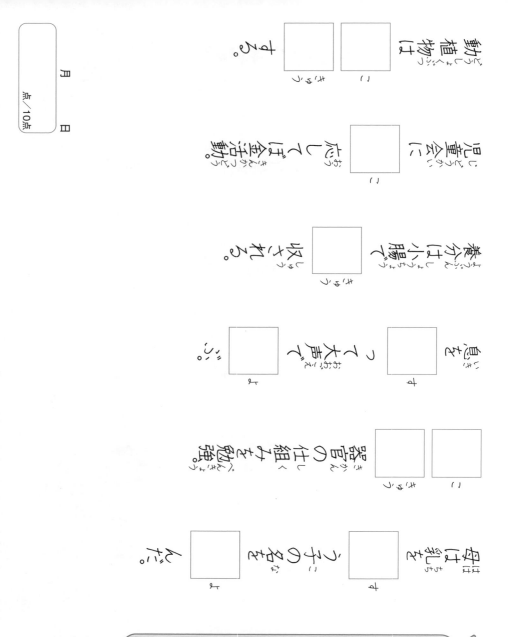

25 親《おや》のお供《とも》で劇《げき》を見《み》る。

供 キョウ そなえる とも

劇 ゲキ

人形《にんぎょう》□《げき》の子《こ》□《ども》料金《りょうきん》は半額《はんがく》。

□《げき》場《じょう》でおかしの試《し》□《きょう》品《ひん》をもらった。

時代《じだい》□《げき》の提《てい》□《きょう》は保険会社《ほけんがいしゃ》。

寺院《じいん》にお□《そな》え物《もの》をした。

老人《ろうじん》と子《こ》□《ども》が散歩《さんぽ》する。

親《おや》のお□《とも》で□《げき》を見《み》る。

月　　日

点／10点

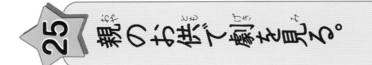

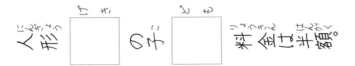

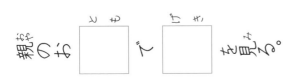

26 心臓《しんぞう》と肺《はい》のはたらき。

肺《ハイ》　臓《ゾウ》

酸素《さんそ》を□《はい》で取《と》り入《い》れ、心《しん》□《ぞう》が全身《ぜんしん》へ運《はこ》ぶ。

よごれた血《ち》は心《しん》□《ぞう》から□《はい》へ。

心臓《しんぞう》と□《はい》は胸部《きょうぶ》にある内《ない》□《ぞう》。

脈《みゃく》はくで心《しん》□《ぞう》の動《うご》きを知《し》る。

心《しん》□《ぞう》は血液《けつえき》を全身《ぜんしん》に送《おく》る。

心《しん》□《ぞう》と□《はい》のはたらき。

月　日

点／10点

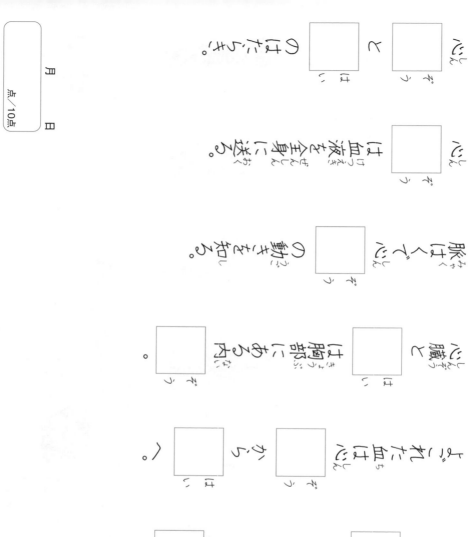

27 胸《むね》の激《げき》痛《つう》で入《にゅう》院《いん》した。

胸　キョウ　むね
痛　ツウ　いたい　いためる

友達《ともだち》のことで□《むね》を□《いた》める。

胃《い》は□《いた》いわ、□《むね》は悪《わる》いわで大変《たいへん》。

頭《ず》□《つう》だが、□《むね》を張《は》って発表《はっぴょう》した。

九月《くがつ》に身長《しんちょう》と□《きょう》囲《い》を測《はか》る。

それを聞《き》くと耳《みみ》が□《いた》い。

□《むね》の激《げき》□《つう》で入院《にゅういん》した。

月　　日

点／10点

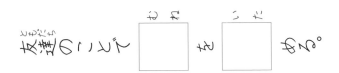

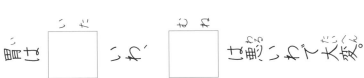

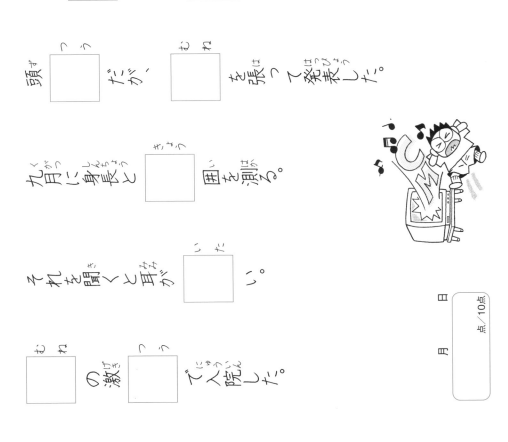

28 郷《きょう》土料理《どりょうり》の紅花《べにばな》ずし。

郷 キョウ

紅 コウ べに

故《こ》□《きょう》の□《こう》葉《よう》を思《おも》い出《だ》す。

年末《ねんまつ》は帰《き》□《きょう》して□《こう》白歌合戦《はくうたがっせん》を見《み》る。

姉《あね》は口《くち》□《べに》をつけ、帰《き》□《きょう》した。

故《こ》□《きょう》で幼《おさな》なじみに会《あ》った。

おやつは□《こう》茶《ちゃ》とケーキ。

□《きょう》土料理《どりょうり》の□《べに》花《ばな》ずし。

月　日

点／10点

29 就《しゅう》業《ぎょう》規《き》則《そく》の出《しゅっ》勤《きん》時《じ》刻《こく》。

就 シュウ

勤 キン　つとめる

□《しゅう》職《しょく》後《ご》、同《おな》じ会社《かいしゃ》に□《つと》めている。

□《きん》勉《べん》な人《ひと》が会長《かいちょう》に□《しゅう》任《にん》。

弟《おとうと》の□《しゅう》学《がく》で母《はは》は会社《かいしゃ》□《づと》め再開《さいかい》。

毎日通《まいにちつう》□《きん》ラッシュです。

新型《しんがた》ジェット機《き》が□《しゅう》航《こう》する。

□《しゅう》業《ぎょう》規《き》則《そく》の出《しゅっ》□《きん》時《じ》刻《こく》。

月　　日

点／10点

30 銀《ぎん》河《が》系《けい》の起《き》源《げん》を探《さぐ》る。

系 ケイ

源 ゲン みなもと

江《え》戸《ど》幕《ばく》府《ふ》は□《げん》氏《じ》の□《けい》統《とう》。

□《けい》列《れつ》会《がい》社《しゃ》の電《でん》□《げん》を使《つか》う。

太《たい》陽《よう》□《けい》で生《せい》命《めい》の□《みなもと》を探《さぐ》る。

エネルギー資《し》□《げん》は重《じゅう》要《よう》だ。

体《たい》□《けい》的《てき》な研《けん》究《きゅう》をする。

銀《ぎん》河《が》□《けい》の起《き》□《げん》を探《さぐ》る。

月　　日

点／10点

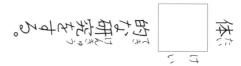

31 校長先生《こうちょうせんせい》を尊敬《そんけい》する。

尊 ソン たっとぶ とうとい

敬 ケイ うやまう

恩師《おんし》を□《たっと》び□《けい》語《ご》を使《つか》う。

□《とうと》い教《おし》えに□《けい》意《い》を表《ひょう》する。

□《そん》大《だい》な態度《たいど》は□《けい》遠《えん》される。

両親《りょうしん》を□《うやま》い孝行《こうこう》する。

みんなの意見《いけん》を□《そん》重《ちょう》する。

校長先生《こうちょうせんせい》を□《そん》□《けい》する。

月　　日

点／10点

おうちの方へ

「尊大な態度は敬遠される」の意味は理解できますか。「尊大」は国語の教科書に出ている言葉です。国語辞典を引きましょう。

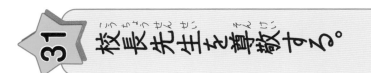

32 降雨《こうう》の中《なか》、激戦《げきせん》を展開《てんかい》。

降 コウ　おりる　ふる

激 ゲキ　はげしい

急《きゅう》□《げき》な□《こう》雪《せつ》、急《いそ》いで下山《げざん》。

□《げき》痛《つう》が走《はし》り、電車《でんしゃ》を□《お》りる。

雨《あめ》が□《ふ》り、急《きゅう》□《げき》な増水《ぞうすい》。

降車口《こうしゃぐち》で□《はげ》しく泣《な》く幼児《ようじ》。

五月一日《ごがつついたち》以《い》□《こう》は通《とお》れます。

□《こう》雨《う》の中《なか》、□《げき》戦《せん》を展開《てんかい》。

月　　日

点／10点

33 砂《すな》地《ち》で作《つく》る落《お》とし穴《あな》。

砂　サ　すな
穴　あな

□《すな》はまで、カニの巣《す》□《あな》を見《み》た。

□《すな》山《やま》を作《つく》り□《あな》を開《あ》ける。

堅《たて》□《あな》住居《じゅうきょ》あとの柱《はしら》の□《あな》。

□《さ》鉄《てつ》から日本刀《にほんとう》を造《つく》る。

□《さ》糖《とう》の原料《げんりょう》はサトウキビ。

□《すな》地《ち》で作《つく》る落《お》とし□《あな》。

月　日

点／10点

34 養蚕《ようさん》し、絹織物《きぬおりもの》を作《つく》る。

蚕《サン》《かいこ》
絹《きぬ》

□《かいこ》のまゆから□《きぬ》糸《いと》を作《つく》る。

□《かいこ》を飼《か》い、□《きぬ》の服《ふく》を作《つく》る。

□《きぬ》織物《おりもの》の原料《げんりょう》は□《さん》糸《し》。

富岡製糸場《とみおかせいしじょう》で□《きぬ》糸《いと》を作《つく》る。

養《よう》□《さん》業《ぎょう》は、日本経済《にほんけいざい》を支《ささ》えた。

養《よう》□《さん》し、□《きぬ》織物《おりもの》を作《つく》る。

月　　日

点／10点

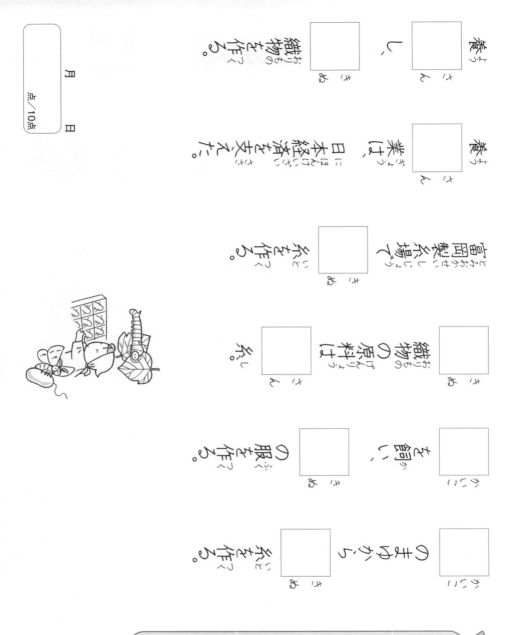

35 憲《けん》法《ぽう》は人《じん》権《けん》を保《ほ》障《しょう》。

憲《ケン》 権《ケン》

□《けん》法《ぽう》には働《はたら》く□《けん》利《り》を有《ゆう》するとある。

□《けん》法《ぽう》は特《とっ》□《けん》を認《みと》めない。

児《じ》童《どう》憲《けん》章《しょう》は、児《じ》童《どう》の□《けん》利《り》宣《せん》言《げん》。

裁《さい》判《ばん》を受《う》ける□《けん》利《り》がある。

□《けん》法《ぽう》記《き》念《ねん》日《び》は五《ご》月《がつ》三《みっ》日《か》。

□《けん》法《ぽう》は人《じん》□《けん》を保《ほ》障《しょう》。

月　日

点／10点

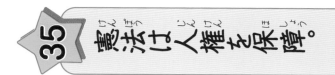

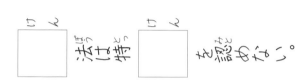

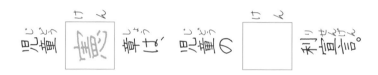

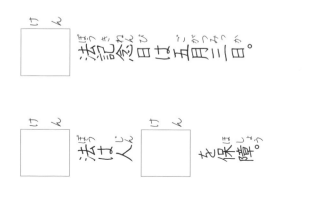

36 経済的《けいざいてき》に厳《きび》しい生活《せいかつ》。

済 サイ すむ すます

厳 ゲン きびしい

使用《しよう》□《ず》み燃料《ねんりょう》の□《げん》重《じゅう》な保管《ほかん》。

□《きび》しく借金《しゃっきん》の返《へん》□《さい》をせまる。

日本経《にほんけい》□《ざい》の□《きび》しい現状《げんじょう》。

その本《ほん》は持《も》ち出《だ》し□《げん》禁《きん》。

用事《ようじ》を□《す》ませて早《はや》く帰宅《きたく》。

経《けい》□《ざい》的《てき》に□《きび》しい生活《せいかつ》。

月　　日

点／10点

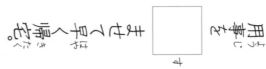

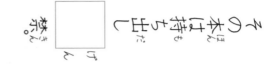

37 利《り》己《こ》的《てき》で欲《よく》深《ぶか》い人《ひと》。

己《コ》 欲《ヨク》

自《じ》□《こ》満足《まんぞく》しないで□《よく》を出《だ》せ。

自《じ》□《こ》の□《よく》望《ぼう》と対決《たいけつ》する。

無《む》□《よく》より□《よく》張《ば》りが良《よ》い。

六年生《ろくねんせい》は食《しょく》□《よく》がある。

勉強《べんきょう》に意《い》□《よく》的《てき》に取《と》り組《く》む。

利《り》□《こ》的《てき》で□《よく》深《ぶか》い人《ひと》。

月　日

点／10点

38 歌《か》詞《し》が誤《ご》字《じ》で困《こま》った。

詞《シ》 **誤**《ゴ・あやまる》

動詞《どうし》と形容《けいよう》□《し》の使《つか》い方《かた》を□《あやま》る。

品《ひん》□《し》の□《あやま》りを正《ただ》す問題《もんだい》。

作《さく》□《し》したが、言葉《ことば》の□《ご》用《よう》が多《おお》い。

一回戦敗退《いっかいせんはいたい》は、□《ご》算《さん》だった。

事故《じこ》が□《ご》報《ほう》で安心《あんしん》した。

歌《か》□《し》が□《ご》字《じ》で困《こま》った。

月　日　点／10点

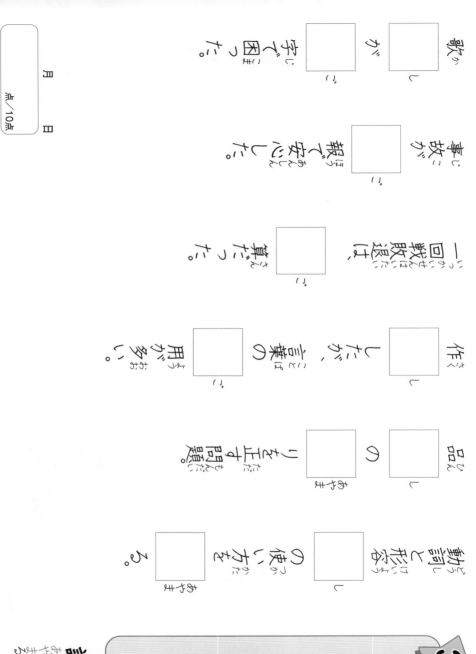

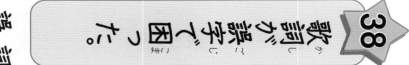

39 皇《こう》后《ごう》様《さま》は幼《よう》少《しょう》時《じ》、活《かっ》発《ぱつ》。

后 コウ

幼 ヨウ おさない

皇《こう》□《ごう》陛《へい》下《か》が□《よう》ち園《えん》をご訪《ほう》問《もん》された。

皇《こう》太《たい》□《ごう》は先《せん》代《だい》天《てん》皇《のう》の時《じ》代《だい》の皇《こう》□《ごう》。

□《おさな》い妹《いもうと》は毎《まい》日《にち》□《よう》ち園《えん》に通《かよ》う。

□《おさな》い子《こ》に絵《え》本《ほん》を読《よ》み聞《き》かせる。

□《おさな》友《とも》達《だち》も今《いま》では親《しん》友《ゆう》。

皇《こう》□《ごう》様《さま》は□《よう》少《しょう》時《じ》、活《かっ》発《ぱつ》。

月　日

点／10点

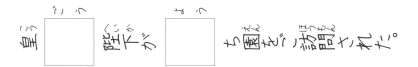

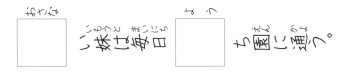

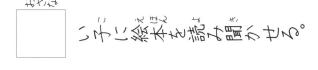

40 無《む》私《し》の仁《じん》愛《あい》と孝《こう》行《こう》。

仁《ジン》　孝《コウ》

□《じん》義《ぎ》に厚《あつ》く、親《おや》□《こう》行《こう》な人《ひと》。

親《おや》不《ふ》□《こう》は□《じん》義《ぎ》にもとる。

□《こう》行《こう》息子《むすこ》と不《ふ》□《こう》な息子《むすこ》。

□《じん》徳《とく》あふれる政治《せいじ》。

医《い》は□《じん》術《じゅつ》なり。

無《む》私《し》の□《じん》愛《あい》と□《こう》行《こう》。

月　　日

点／10点

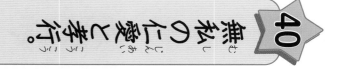

41 鋼管《こうかん》の汚《よご》れを除去《じょきょ》。

鋼 コウ
除 ジョ のぞく

鉄《てつ》の不純物《ふじゅんぶつ》を□《のぞ》き、□《こう》鉄《てつ》にする。

□《こう》鉄《てつ》を圧延機《あつえんき》で□《こう》板《ばん》にする。

□《じょ》雪車《せっしゃ》は鉄《てつ》□《こう》で作《つく》られる。

日本《にほん》は鉄《てつ》□《こう》の輸出国《ゆしゅつこく》。

年末《ねんまつ》に□《じょ》夜《や》のかねを聞《き》く。

□《こう》管《かん》のよごれを□《じょ》去《きょ》。

月　　日

点／10点

おうちの方へ

「丁」（チョウ）がある「庁・頂」は「チョウ」と読む。このようにして新しい字を読むと合っているかも知れませんよ。

42 定《てい》刻《こく》に登《とう》庁《ちょう》する。

刻　コク　きざむ

庁　チョウ

気《き》象《しょう》□《ちょう》は天《てん》候《こう》の深《しん》□《こく》さを伝《つた》えた。

夕《ゆう》□《こく》に□《ちょう》舎《しゃ》前《まえ》で会《あ》う。

市《し》□《ちょう》舎《しゃ》の大《おお》時《ど》計《けい》が時《とき》を□《きざ》む。

野《や》菜《さい》を□《きざ》む。

官《かん》□《ちょう》街《がい》の裏《うら》通《どお》り。

定《てい》□《こく》に登《とう》□《ちょう》する。

月　　日

点／10点

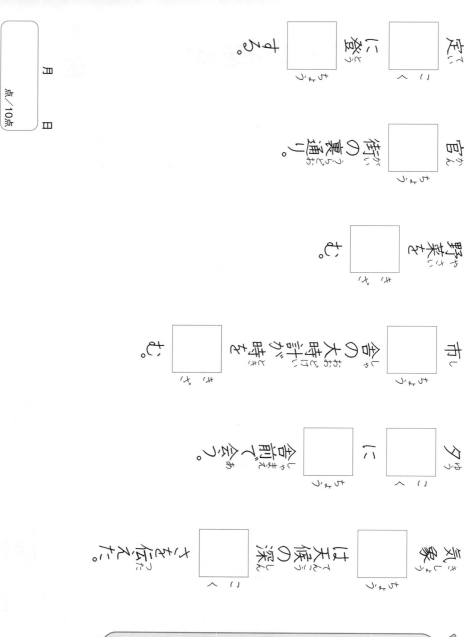

43 機長《きちょう》が飛行機《ひこうき》を操縦《そうじゅう》。

操 ソウ

縦 ジュウ たて

□《じゅう》横《おう》に広《ひろ》がり体《たい》□《そう》をする。

レバーを□《たて》に□《そう》作《さ》する。

部下《ぶか》をうまく□《そう》□《じゅう》する部長《ぶちょう》。

器械体《きかいたい》□《そう》が好《す》きです。

□《たて》割《わ》り班《はん》で清《せい》そうをする。

機長《きちょう》が飛行機《ひこうき》を□《そう》□《じゅう》。

月　日

点／10点

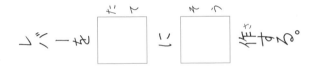

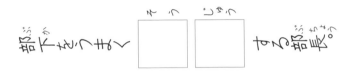

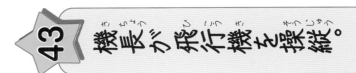

44 味《あじ》の良《よ》い米《べい》穀《こく》が誕《たん》生《じょう》。

穀 コク
誕 タン

病気《びょうき》に強《つよ》い□《こく》類《るい》の□《たん》生《じょう》。

大量《たいりょう》に実《みの》る米《べい》□《こく》の□《たん》生《じょう》。

□《たん》生日《じょうび》に五《ご》□《こく》を食《た》べた。

ルビーは七月《しちがつ》の□《たん》生石《じょうせき》。

東北地方《とうほくちほう》は□《こく》倉地帯《そうちたい》。

味《あじ》の良《よ》い米《べい》□《こく》が□《たん》生《じょう》。

月　　日

点／10点

45 人《じん》骨《こつ》模《も》型《けい》で体《からだ》の勉強《べんきょう》。

骨 コツ ほね

模 ボ モ

大規《だいき》□《ぼ》な鉄《てっ》□《こつ》住宅《じゅうたく》。

□《こっ》折時《せつじ》の□《も》様《よう》を報告《ほうこく》する。

白《はっ》□《こつ》の□《も》造品《ぞうひん》におどろいた。

日曜日《にちようび》は□《ほね》休《やす》めする。

美《うつく》しい□《も》様《よう》の絹織物《きぬおりもの》。

人《じん》□《こつ》□《も》型《けい》で体《からだ》の勉強《べんきょう》。

月　　日

点／10点

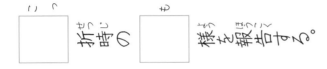

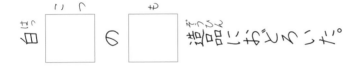

46 探険《たんけん》は困難《こんなん》を極《きわ》めた。

困 コン こまる

難 ナン むずかしい

□《こん》苦《く》を乗《の》りこえ、□《なん》関校《かんこう》に合格《ごうかく》。

貧《ひん》□《こん》をなくすのは□《むずか》しい問題《もんだい》。

□《むずか》しい話《はなし》で返事《へんじ》に□《こま》った。

腹《はら》が痛《いた》くて□《こま》った。

□《なん》病《びょう》とたたかっている父《ちち》。

探険《たんけん》は□《こん》□《なん》を極《きわ》めた。

月　日

点／10点

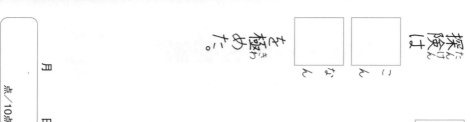

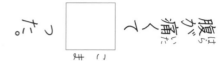

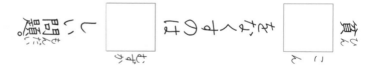

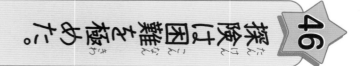

47 政策《せいさく》を正座《せいざ》して聞《き》く。

座《ザ》　策《サク》

王《おう》□《ざ》決定戦《けっていせん》の対《たい》□《さく》を練《ね》る。

夜《よる》の散《さん》□《さく》で星《せい》□《ざ》を見《み》る。

□《ざ》談会《だんかい》では解決《かいけつ》□《さく》は出《で》なかった。

□《さく》略《りゃく》をめぐらせ、勝利《しょうり》を収《おさ》めた。

銀行口《ぎんこうこう》□《ざ》に一万円入金《いちまんえんにゅうきん》。

政《せい》□《さく》を正《せい》□《ざ》して聞《き》く。

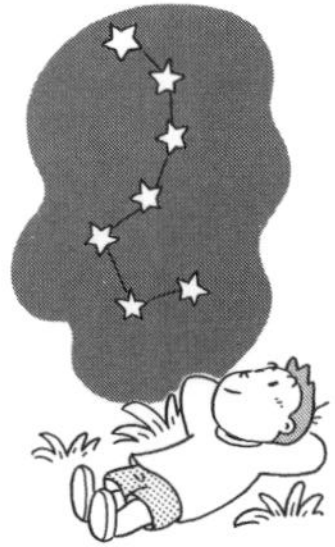

月　　日

点／10点

48 熟《じゅく》練《れん》工《こう》が布《ぬの》を裁《さい》断《だん》。

熟　ジュク

裁　サイ　さばく

母《はは》は洋《よう》□《さい》に習《しゅう》□《じゅく》している。

法律《ほうりつ》を□《じゅく》知《ち》した□《さい》判官《ばんかん》。

報告書《ほうこくしょ》を□《じゅく》読《どく》し決《けっ》□《さい》する。

毎日《まいにち》の漢字《かんじ》練習《れんしゅう》で習《しゅう》□《じゅく》した。

公平《こうへい》に□《さば》く。

□《じゅく》練工《れんこう》が布《ぬの》を□《さい》断《だん》。

月　　日

点／10点

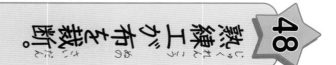

49 雑《ざっ》誌《し》を二《に》冊《さつ》買《か》った。

誌《シ》 冊《サツ》

会《かい》□《し》が今回《こんかい》から分《ぶん》□《さつ》になった。

週刊《しゅうかん》□《し》の□《さっ》数《すう》を数《かぞ》える。

月刊《げっかん》□《し》の別《べっ》□《さつ》が発行《はっこう》された。

『源氏物語《げんじものがたり》』を三《さん》□《さつ》読《よ》んだ。

□《し》面《めん》が明《あか》るい雑誌《ざっし》がいい。

雑《ざっ》□《し》を二《に》□《さつ》買《か》った。

だんだん慣れてきたかな？
がんばれ！

月　　日

点／10点

50 十《じゅう》時《じ》間《かん》で頂上《ちょうじょう》に至《いた》る。

頂 チョウ いただく いただき

至 シ いたる

山《さん》□《ちょう》から□《し》急《きゅう》下《げ》山《ざん》せよ。

冬《とう》□《じ》のころの登《とう》□《ちょう》は困難《こんなん》だ。

冬《ふゆ》に□《いただき》を目《め》指《ざ》すのは□《し》難《なん》の技《わざ》。

となりからごちそうを□《いただ》いた。

論議《ろんぎ》したが結論《けつろん》に□《いた》らない。

十時間《じゅうじかん》で□《ちょう》上《じょう》に□《いた》る。

月　日

点／10点

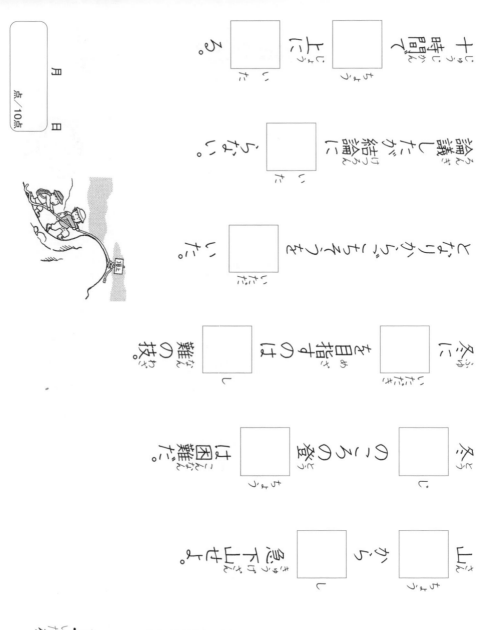

51 私《わたし》は論争《ろんそう》がきらい。

私 シ わたくし わたし

論 ロン

□《し》服《ふく》の善否《ぜんぴ》について討《とう》□《ろん》する。

□《わたくし》も議《ぎ》□《ろん》に加《くわ》わった。

□《し》立学校《りつがっこう》へ進学《しんがく》する結《けつ》□《ろん》になった。

授業中《じゅぎょうちゅう》の□《し》語《ご》は禁止《きんし》です。

堂々《どうどう》と反《はん》□《ろん》を述《の》べる。

□《わたし》は□《ろん》争《そう》がきらい。

月　日

点／10点

おうちの方へ

「私」は、「わたくし」「わたし」の両方の読みができるようになりました。「署」は「著」と間違えやすいので要注意。

52 従来《じゅうらい》と視点《してん》を変《か》える。

従 ジュウ したがう したがえる
視 シ

□《し》察《さつ》に供《とも》を□《したが》えて歩《ある》く市長《しちょう》。

□《じゅう》業員《ぎょういん》は会社《かいしゃ》の規則《きそく》に□《したが》う。

海外《かいがい》□《し》察《さつ》で□《し》野《や》を広《ひろ》げる。

主人公《しゅじんこう》の□《し》点《てん》で文《ぶん》を読《よ》む。

城主《じょうしゅ》に服《ふく》□《じゅう》する家臣《かしん》。

□《じゅう》来《らい》と□《し》点《てん》を変《か》える。

月　日

点／10点

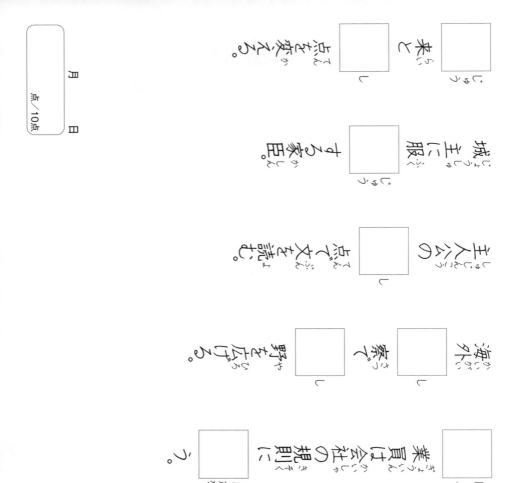

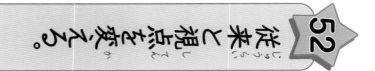

53 磁《じ》石《しゃく》で砂《さ》鉄《てつ》を探《さが》す。

磁 ジ

探 タン さがす

方位《ほうい》□《じ》針《しん》をたよりに出口《でぐち》を□《さが》す。

□《たん》険家《けんか》は□《じ》石《しゃく》を持《も》っている。

□《たん》査機《さき》は木星《もくせい》の□《じ》場《ば》も観察《かんさつ》する。

有田焼《ありたやき》は人気《にんき》が高《たか》い□《じ》器《き》。

□《さが》し物《もの》は見《み》つかりましたか。

□《じ》石《しゃく》で砂鉄《さてつ》を□《さが》す。

月　　日

点／10点

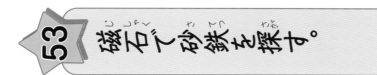

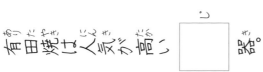

54 注《ちゅう》射《しゃ》針《ばり》は個《こ》人《じん》専《せん》用《よう》。

射《シャ・いる》
専《セン》

放《ほう》□《しゃ》能《のう》の□《せん》門家《もんか》になりたい。

放《ほう》□《しゃ》線研究《せんけんきゅう》に□《せん》念《ねん》する。

日《にっ》□《しゃ》量《りょう》を気《き》にかける□《せん》業農家《ぎょうのうか》。

直径《ちょっけい》一尺《いっしゃく》の的《まと》を□《い》る。

オペラ座《ざ》□《せん》属《ぞく》の歌手《かしゅ》。

注《ちゅう》□《しゃ》針《ばり》は個人《こじん》□《せん》用《よう》。

月　　日

点／10点

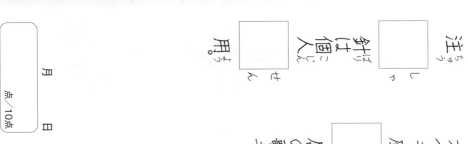

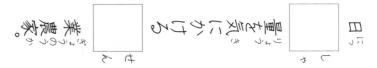

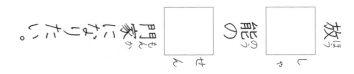

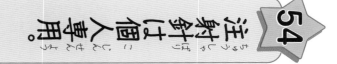

55 物《もの》を捨《す》てる対処法《たいしょほう》。

捨 シャ すてる

処 ショ

ゴミを□《す》てて□《しょ》理《り》せよ。

使《つか》い□《す》てカイロを□《しょ》分《ぶん》した。

千円未満《せんえんみまん》は四《し》□《しゃ》五入《ごにゅう》で□《しょ》理《り》する。

□《す》てる神《かみ》あれば拾《ひろ》う神《かみ》あり。

けが人《にん》に応急《おうきゅう》□《しょ》置《ち》をする。

物《もの》を□《す》てる対《たい》□《しょ》法《ほう》。

月　　日

点／10点

56 落《らく》葉《よう》樹《じゅ》の並《なみ》木《き》道《みち》。

樹 ジュ

並 なみ　ならべる　ならぶ　ならび

□《じゅ》氷《ひょう》がきれいに□《なら》んでいる。

街路《がいろ》□《じゅ》が二列《にれつ》に□《なら》んでいる。

関東《かんとう》□《なら》びに関西《かんさい》の果《か》□《じゅ》園調査《えんちょうさ》。

机《つくえ》を二列《にれつ》に□《なら》べる。

世界新記録《せかいしんきろく》を□《じゅ》立《りつ》した。

落葉《らくよう》□《じゅ》の□《なみ》木道《きみち》。

月　日

点／10点

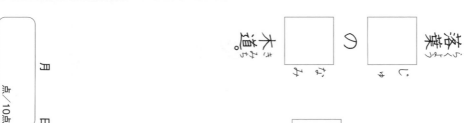

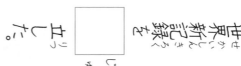

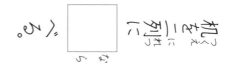

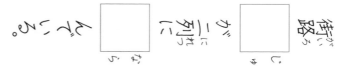

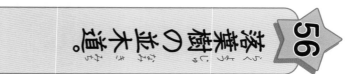

57 宗派《しゅうは》の聖人《せいじん》を祭《まつ》る寺《てら》。

宗《シュウ》　聖《セイ》

□《せい》人像《じんぞう》をふませ、改《かい》□《しゅう》をせまる。

五輪《ごりん》□《せい》火《か》は□《しゅう》教《きょう》と無関係《むかんけい》。

□《せい》ザビエルは西洋《せいよう》□《しゅう》教《きょう》を伝《つた》えた。

母《はは》は□《せい》歌《か》を歌《うた》う。

□《しゅう》教《きょう》を信《しん》じるのは自由《じゆう》。

□《しゅう》派《は》の□《せい》人《じん》を祭《まつ》る寺《てら》。

月　日

点／10点

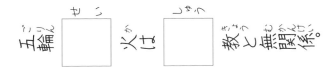

58

純情《じゅんじょう》で善良《ぜんりょう》な人《ひと》。

純《ジュン》
善《ゼン よい》

□《ぜん》行《こう》をほめられ単《たん》□《じゅん》に喜《よろこ》ぶ私《わたし》。

□《よ》し悪《あ》しは単《たん》□《じゅん》でない。

□《じゅん》真《しん》な子《こ》の□《ぜん》意《い》のぼ金《きん》。

□《じゅん》毛《もう》のセーターは暖《あたた》かい。

規則《きそく》を改《かい》□《ぜん》した。

□《じゅん》情《じょう》で□《ぜん》良《りょう》な人《ひと》。

月　日

点／10点

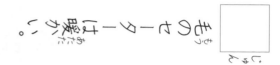

59 署長《しょちょう》に手紙《てがみ》を届《とど》ける。

署 ショ

届 とどける とどく

警察《けいさつ》□《しょ》に落《お》とし物《もの》を□《とど》ける。

消防《しょうぼう》□《しょ》に出火《しゅっか》情報《じょうほう》が□《とど》いた。

異動《いどう》□《とどけ》を税務《ぜいむ》□《しょ》に出《だ》した。

入学願書《にゅうがくがんしょ》に□《しょ》名《めい》した。

郵便小包《ゆうびんこづつみ》が□《とど》いた。

□《しょ》長《ちょう》に手紙《てがみ》を□《とど》ける。

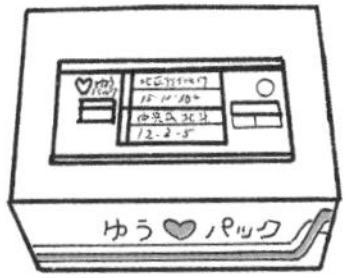

月　日

点／10点

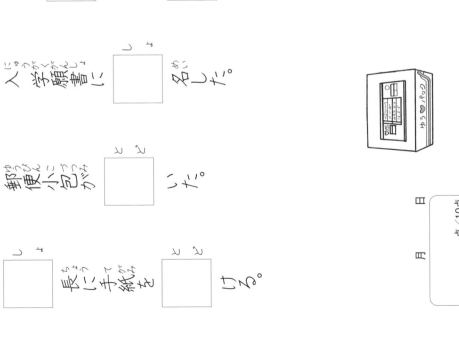

60 派《は》生《せい》して諸《しょ》説《せつ》がある。

派《ハ》 諸《ショ》

党《とう》□《は》の□《しょ》事《じ》情《じょう》が見《み》えかくれ。

生《せい》徒《と》□《しょ》君《くん》、立《りっ》□《ぱ》な人《にん》間《げん》になれ。

アジア□《しょ》国《こく》は□《は》兵《へい》した。

□《しょ》問《もん》題《だい》を解《かい》決《けつ》する。

茶《さ》道《どう》の諸《しょ》流《りゅう》□《は》が集《あつ》まる。

□《は》生《せい》して□《しょ》説《せつ》がある。

月　日

点／10点

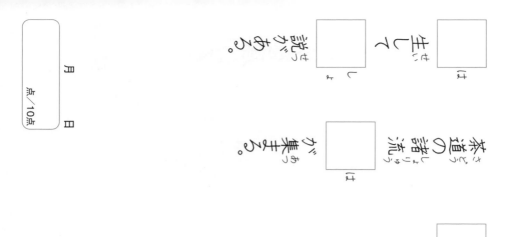

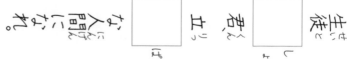

61 敵《てき》の主将《しゅしょう》をたおす。

将《ショウ》 敵《テキ》

相手《あいて》の武《ぶ》□《しょう》と□《てき》対《たい》する。

天下無《てんかむ》□《てき》のチーム。

□《しょう》軍《ぐん》のいる□《てき》地《ち》に入《はい》る。

素《す》□《てき》なアイデアが浮《う》かぶ。

ライバルの副《ふく》□《しょう》は強《きょう》□《てき》だ。

□《てき》の主《しゅ》□《しょう》をたおす。

月　日

点／10点

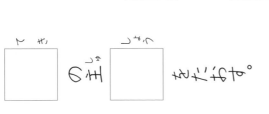

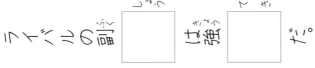

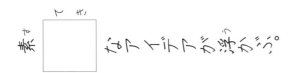

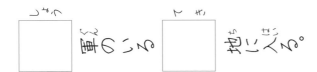

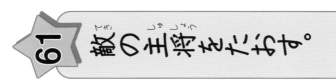

62 階《かい》段《だん》で負《ふ》傷《しょう》した。

段　ダン
傷　ショウ　きず

重《じゅう》□《しょう》を治《なお》す手《しゅ》□《だん》を探《さが》す。

空手《からて》初《しょ》□《だん》の選手《せんしゅ》は□《きず》を負《お》った。

もう□《きず》薬《ぐすり》をつける□《だん》階《かい》は過《す》ぎた。

夕暮《ゆうぐ》れは感《かん》□《しょう》的《てき》な気分《きぶん》になる。

□《だん》落《らく》の内容《ないよう》を要約《ようやく》する。

階《かい》□《だん》で負《ふ》□《しょう》した。

月　　日
点／10点

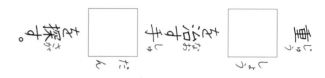

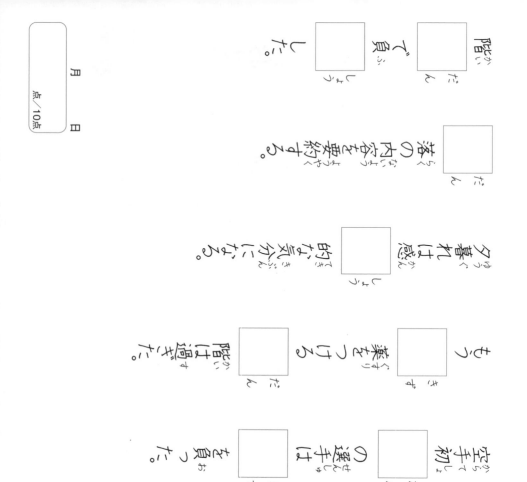

63 蒸《じょう》気《き》で障《しょう》子《じ》がしめる。

蒸《ジョウ》 障《ショウ》

□《じょう》気《き》機《き》関《かん》車《しゃ》の故《こ》□《しょう》を直《なお》す。

液《えき》を□《じょう》発《はっ》させても支《し》□《しょう》はない。

葉《は》から水《すい》□《じょう》気《き》が出《で》る□《じょう》散《さん》作《さ》用《よう》。

□《じょう》発皿《はつざら》には顔《かお》を近《ちか》づけない。

□《しょう》害《がい》物《ぶつ》競《きょう》走《そう》で一位《いちい》になった。

□《じょう》気《き》で□《しょう》子《じ》がしめる。

月　日

点／10点

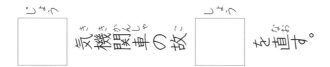

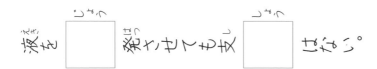

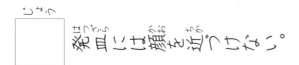

64 自《じ》宅《たく》を増《ぞう》築《ちく》する方《ほう》針《しん》。

宅《タク》 針《シン・はり》

帰《き》□《たく》すると短《たん》□《しん》は十時《じゅうじ》。

□《たく》地《ち》に□《しん》葉樹《ようじゅ》を植《う》えた。

□《はり》金《がね》で自《じ》□《たく》の物干《ものほ》しを直《なお》した。

方位磁《ほういじ》□《しん》で北《きた》を探《さが》す。

□《たく》配便《はいびん》が三《みっ》つも届《とど》いた。

自《じ》□《たく》を増築《ぞうちく》する方《ほう》□《しん》。

月　日

点／10点

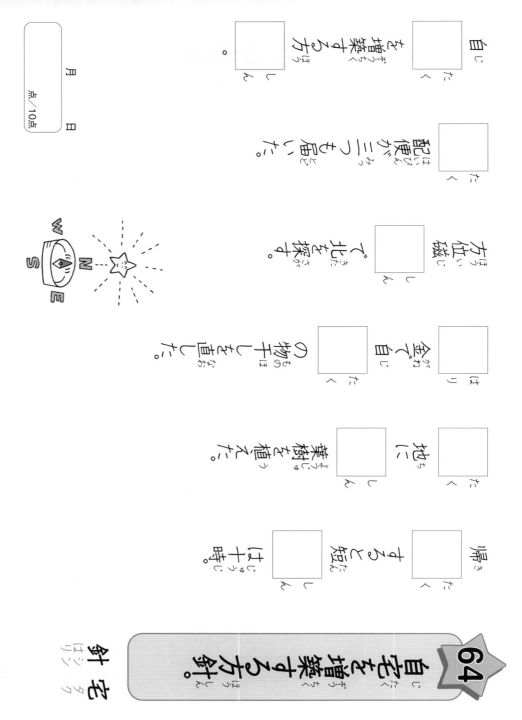

65 鉄《てつ》棒《ぼう》を垂直《すいちょく》に立《た》てる。

棒 ボウ

垂 スイ　たれる　たらす

ガラス□《ぼう》で液《えき》を□《た》らす。

□《ぼう》グラフは□《すい》直《ちょく》にかく。

平行《へいこう》□《ぼう》で□《すい》直《ちょく》に逆立《さかだ》ち。

暴風《ぼうふう》で電線《でんせん》が□《た》れ下《さ》がる。

□《ぼう》切《き》れで運動場《うんどうじょう》に線《せん》を引《ひ》く。

鉄《てつ》□《ぼう》を□《すい》直《ちょく》に立《た》てる。

月　　日

点／10点

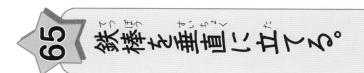

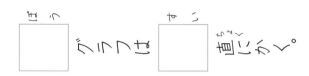

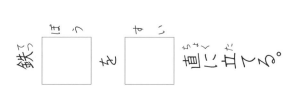

66 忠臣蔵《ちゅうしんぐら》を寸劇《すんげき》にする。

忠《チュウ》
寸《スン》

絵巻物《えまきもの》を原《げん》□《すん》大《だい》で□《ちゅう》実《じつ》に再現《さいげん》。

出発《しゅっぱつ》□《すん》前《ぜん》に□《ちゅう》告《こく》を聞《き》いた。

□《ちゅう》犬《けん》は死《し》ぬ□《すん》前《ぜん》の主人《しゅじん》を救助《きゅうじょ》。

「いざ、鎌倉《かまくら》」と□《ちゅう》誠心《せいしん》。

一《いっ》□《すん》の虫《むし》にも五分《ごぶ》のたましい。

□《ちゅう》臣蔵《しんぐら》を□《すん》劇《げき》にする。

わからない言葉があったら、
辞書をひこう！

月　日

点／10点

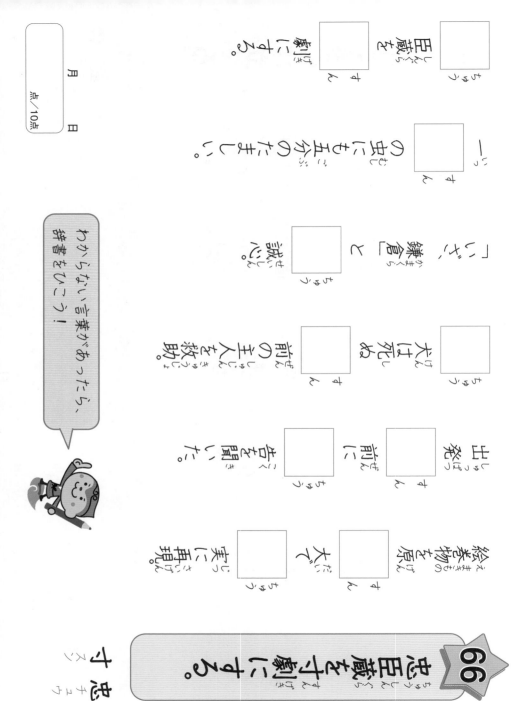

67 さじに山《やま》盛《も》りの砂《さ》糖《とう》。

盛　もる
糖　トウ

特売《とくばい》で砂《さ》□《とう》を山《やま》□《も》りに積《つ》む。

果物《くだもの》を□《も》り、果《か》□《とう》を採《と》る。

砂《さ》□《とう》を上《うえ》の目《め》□《も》りまで入《い》れる。

さし身《み》の□《も》り合《あ》わせを注文《ちゅうもん》。

葉《は》にできた養分《ようぶん》は□《とう》に変化《へんか》。

さじに山《やま》□《も》りの砂《さ》□《とう》。

月　日

点／10点

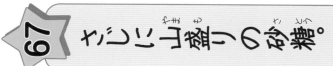

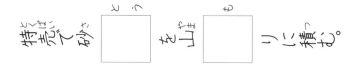

68 誠《せい》意《い》が認《みと》められた。

誠 セイ
認 みとめる

1. だれでも□《みと》める□《せい》実《じつ》な人《ひと》。
2. □《せい》心《しん》□《せい》意《い》、人《ひと》のためにつくす。
3. □《せい》実《じつ》な謝罪《しゃざい》が□《みと》められた。
4. 幕府《ばくふ》に忠《ちゅう》□《せい》をちかう御家人《ごけにん》。
5. 憲法《けんぽう》は働《はたら》く権利《けんり》を□《みと》めている。
6. □《せい》意《い》が□《みと》められた。

月　　日
点／10点

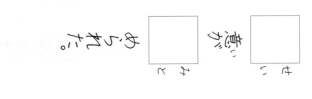

69 宣《せん》伝《でん》担《たん》当《とう》者《しゃ》になった。

宣《セン》 担《タン》

□《たん》任《にん》は毎日《まいにち》宿題《しゅくだい》を出《だ》すと□《せん》言《げん》。

医者《いしゃ》の死《し》の□《せん》告《こく》は心《こころ》に負《ふ》□《たん》。

同盟国《どうめいこく》が加《か》□《たん》したので□《せん》戦布告《せんふこく》。

祖母《そぼ》の著書《ちょしょ》を□《せん》伝《でん》する。

分《ぶん》□《たん》場所《ばしょ》をきれいに清《せい》そう。

□《せん》伝《でん》□《たん》当者《とうしゃ》になった。

月　　日

点／10点

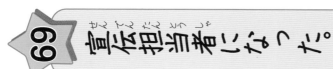

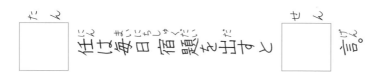

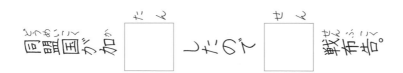

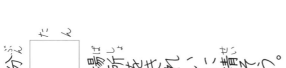

70 温泉《おんせん》で布《ぬの》が染《そ》まった。

泉 セン いずみ

染 そめる そまる

□《いずみ》の水《みず》で□《そ》め物《もの》を洗《あら》う。

血《ち》に□《そ》まったような赤《あか》い温《おん》□《せん》。

温《おん》□《せん》街《がい》で商売《しょうばい》に手《て》を□《そ》める。

知識《ちしき》の源《げん》□《せん》は読書《どくしょ》です。

紅葉《もみじ》で真《ま》っ赤《か》に□《そ》まる山《やま》。

温《おん》□《せん》で布《ぬの》が□《そ》まった。

月　　日

点／10点

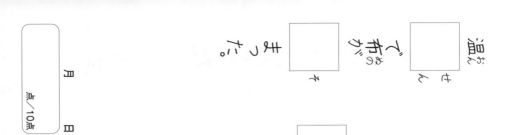

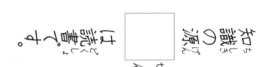

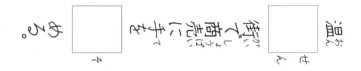

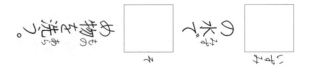

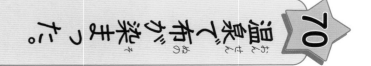

71 今晩《こんばん》は同窓会《どうそうかい》です。

晩　バン

窓　ソウ　まど

□《ばん》秋《しゅう》の車《しゃ》□《そう》のながめは美《うつく》しい。

朝《あさ》□《ばん》は□《まど》ガラスがくもる。

毎《まい》□《ばん》出《で》□《まど》を開《あ》けて外《そと》を見《み》る。

□《ばん》御飯《ごはん》を家族《かぞく》で食《た》べる。

郵便局《ゆうびんきょく》の□《まど》口《ぐち》で手紙《てがみ》を出《だ》す。

今《こん》□《ばん》は同《どう》□《そう》会《かい》です。

月　　日

点／10点

おうちの方へ

「晩秋」など小学生は日常では使いませんよね。新聞を読むとたくさん言葉が出ています。読める字を確かめてみましょう。

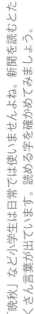

72 軽装《けいそう》で知人《ちじん》を訪《たず》ねる。

装　ソウ

訪　ホウ　たずねる

友達《ともだち》の家《いえ》を□《たず》ねる服《ふく》□《そう》は自由《じゆう》。

歴《れき》□《ほう》した国《くに》の包《ほう》□《そう》紙《し》を収集《しゅうしゅう》。

ハロウィンの変《へん》□《そう》で来《らい》□《ほう》した客《きゃく》。

成人《せいじん》したら外国《がいこく》を□《たず》ねる。

地層《ちそう》のでき方《かた》を調《しら》べる□《そう》置《ち》。

軽《けい》□《そう》で知人《ちじん》を□《たず》ねる。

月　日

点／10点

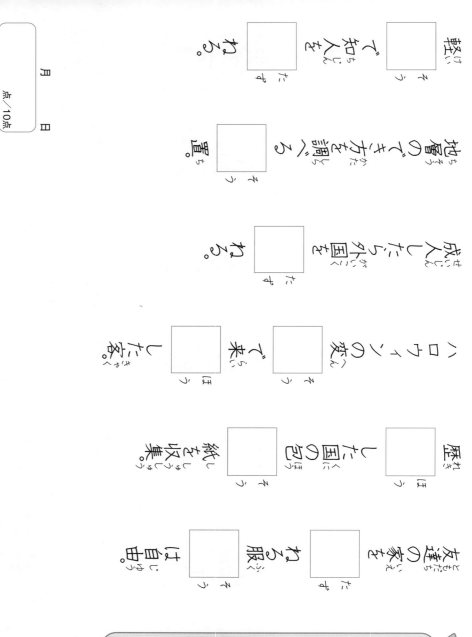

73

活断層《かつだんそう》の存在《そんざい》を確認《かくにん》。

層　ソウ
存　ソン　ゾン

野《の》島《じま》断《だん》□《そう》は保《ほ》□《ぞん》された。

多《た》種《しゅ》の客《きゃく》□《そう》で□《そん》立《りつ》する商店《しょうてん》。

地《ち》□《そう》調《しら》べを思《おも》う□《ぞん》分《ぶん》やる。

織《お》田《だ》信長《のぶなが》は、五《ご》□《そう》の城《しろ》を造《つく》った。

源平《げんぺい》の□《そん》亡《ぼう》をかけた平治《へいじ》の乱《らん》。

活断《かつだん》□《そう》の□《そん》在《ざい》を確認《かくにん》。

月　　日

点／10点

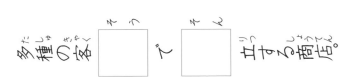

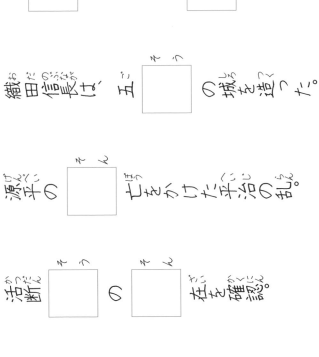

74 土《ど》蔵《ぞう》に英《えい》訳《やく》本《ぼん》がある。

蔵 ゾウ

訳 ヤク わけ

名《めい》□《やく》の本《ほん》を図書館《としょかん》に収《しゅう》□《ぞう》する。

□《ぞう》書《しょ》を日本語《にほんご》に□《やく》す。

冷《れい》□《ぞう》庫《こ》に肉《にく》を保存《ほぞん》する□《わけ》。

地《じ》□《ぞう》様《さま》を拝《おが》む。

失敗《しっぱい》した□《わけ》を話《はな》す。

土《ど》□《ぞう》に英《えい》□《やく》本《ぼん》がある。

月　日

点／10点

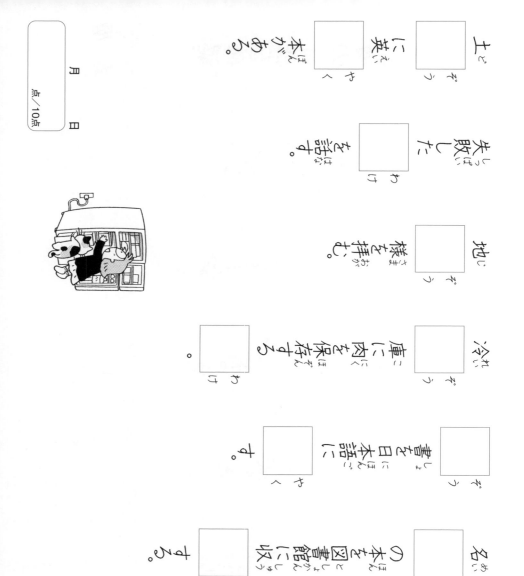

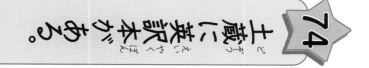

75 家《や》賃《ちん》を納《おさ》める。

賃 チン

納 ノウ おさめる

□《ちん》金《ぎん》が出《で》たので税《ぜい》を□《おさ》めた。

□《のう》品《ひん》してもらい運《うん》□《ちん》をはらう。

□《ちん》上《あ》げがなければ□《のう》税《ぜい》できない。

衣類《いるい》をきちんと収《しゅう》□《のう》した。

借《か》りていた電車《でんしゃ》□《ちん》を返《かえ》した。

家《や》□《ちん》を□《おさ》める。

月　　日

点／10点

76 夕《ゆう》暮《ぐ》れは暖《だん》房《ぼう》が必要《ひつよう》。

暮 くれる くらす

暖 ダン あたたかい あたためる

年《とし》の□《く》れも温《おん》□《だん》だった。

日《ひ》が□《く》れて部屋《へや》を□《あたた》める。

□《あたた》かい地方《ちほう》で親《おや》と□《く》らす。

寒《かん》□《だん》の差《さ》が激《はげ》しい。

四月《しがつ》から東京《とうきょう》で□《く》らす。

夕《ゆう》□《ぐ》れは□《だん》房《ぼう》が必要《ひつよう》。

月　日

点／10点

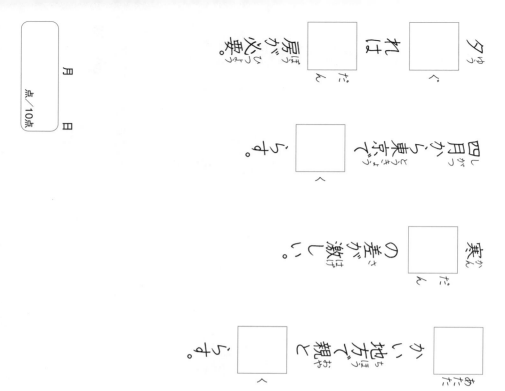

77 首脳《しゅのう》の著書《ちょしょ》を読《よ》む。

脳　ノウ
著　チョ

□《のう》に関《かん》する□《ちょ》作《さく》が多《おお》い学者《がくしゃ》。

□《のう》波《は》について共《きょう》□《ちょ》を出《だ》す。

大《だい》□《のう》について□《ちょ》者《しゃ》に聞《き》く。

名《めい》□《ちょ》といわれる本《ほん》を読《よ》む。

頭《ず》□《のう》を育《そだ》ててかしこくなる。

首《しゅ》□《のう》の□《ちょ》書《しょ》を読《よ》む。

頭脳《ずのう》、著者《ちょしゃ》など熟語《じゅくご》にすると覚えやすいよ。

月　　日

点／10点

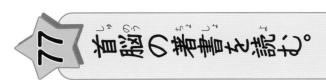

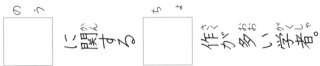

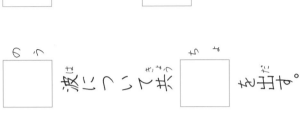

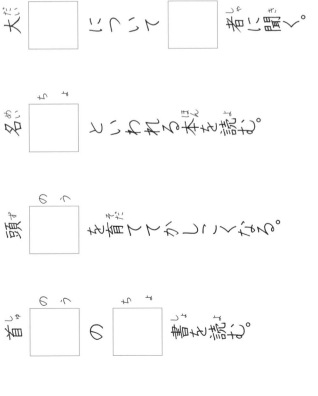

78 裏街《うらまち》で展覧会《てんらんかい》を開《ひら》く。

展《テン》　覧《ラン》

一《いち》□《らん》表《ひょう》を□《てん》示《じ》する。

陛下《へいか》は個《こ》□《てん》をご□《らん》になる。

発《はっ》□《てん》と上国《じょうこく》で博《はく》□《らん》会《かい》。

回《かい》□《らん》板《ばん》をとなりに回《まわ》す。

直方体《ちょくほうたい》の□《てん》開図《かいず》をかく。

裏街《うらまち》で□《てん》□《らん》会《かい》を開《ひら》く。

月　日

点／10点

79 政党《せいとう》の討論会《とうろんかい》がある。

党《トウ》 討《トウ》

□《とう》首《しゅ》の□《とう》論《ろん》を放送《ほうそう》する。

□《とう》派《は》ごとに検《けん》□《とう》する。

□《とう》員《いん》も討《とう》議《ぎ》に加《くわ》わる。

板垣退助《いたがきたいすけ》は自由《じゆう》□《とう》を作《つく》った。

異論《いろん》が出《で》て、□《とう》論《ろん》が盛《も》り上《あ》がる。

政《せい》□《とう》の□《とう》論会《ろんかい》がある。

月　日

点／10点

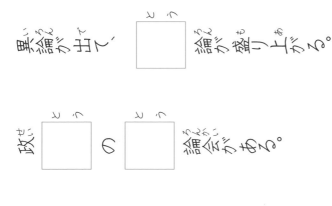

80 卵《たまご》や牛乳《ぎゅうにゅう》は栄養豊富《えいようほうふ》。

卵 たまご

乳 ニュウ ちち

牛《ぎゅう》□《にゅう》と□《たまご》とパンの朝食《ちょうしょく》。

牛《うし》の□《ちち》しぼりの後《あと》は□《たまご》集《あつ》め。

□《にゅう》製品《せいひん》・□《たまご》などでケーキを作《つく》る。

□《にゅう》歯《し》は小学生《しょうがくせい》で生《は》えかわる。

イクラはサケの□《たまご》。

□《たまご》や牛《ぎゅう》□《にゅう》は栄養豊富《えいようほうふ》。

月　　日

点／10点

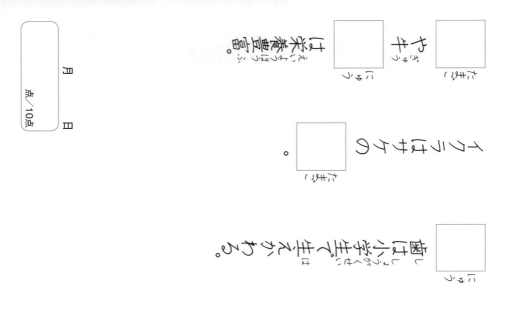

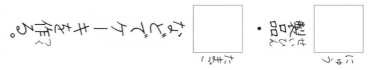

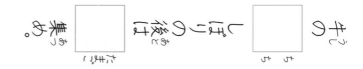

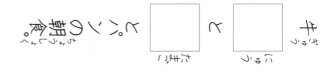

81 腹《ふっ》筋《きん》と背《はい》筋《きん》をきたえる。

腹 フク　はら

背 ハイ　せ　せい

山《やま》の中《ちゅう》□《ふく》を□《はい》景《けい》に写真《しゃしん》をとる。

上《うわ》□《ぜい》のある兄《あに》が□《せ》広《びろ》を着《き》る。

空《くう》□《ふく》だと□《はら》を立《た》てやすい。

父《ちち》と□《せい》比《くら》べ、後三《あとさん》センチ。

□《ふく》案《あん》をみんなに示《しめ》した。

□《ふっ》筋《きん》と□《はい》筋《きん》をきたえる。

月　　日

点／10点

おうちの方へ

「背比べ」は「せいくらべ」です。「せ」は「背びれ・背番号・いすの背・背負う」などです。「閉じる・閉める」も要注意。

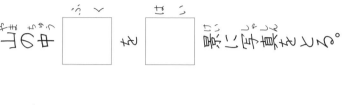

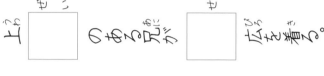

82 参《さん》拝《ぱい》者《しゃ》は翌《よく》日《じつ》も来《き》た。

拝　ハイ　おがむ

翌　ヨク

□《よく》朝《あさ》は初《はつ》日《ひ》の出《で》を□《おが》む。

仏像《ぶつぞう》を□《おが》んだ□《よく》週《しゅう》は幸《しあわ》せだった。

その本《ほん》は□《よく》々日《よくじつ》に□《はい》読《どく》します。

お便《たよ》りを□《はい》見《けん》しました。

見学会《けんがくかい》は雨天《うてん》で□《よく》日《じつ》に順延《じゅんえん》。

参《さん》□《ぱい》者《しゃ》は□《よく》日《じつ》も来《き》た。

月　　日

点／10点

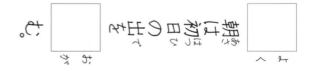

83 批《ひ》判《はん》はするが適《てき》否《ひ》は別《べつ》。

批《ヒ》　否《ヒ》

作品《さくひん》は□《ひ》評《ひょう》され、合《ごう》□《ひ》の判定《はんてい》。

□《ひ》判《はん》され、案《あん》は□《ひ》決《けつ》された。

批《ひ》正《せい》はいいが、□《ひ》定《てい》はいや。

父《ちち》の安《あん》□《ぴ》が気《き》になる。

私《わたし》は□《ひ》判《はん》された経験《けいけん》がある。

□《ひ》判《はん》はするが適《てき》□《ひ》は別《べつ》。

月　　日

点／10点

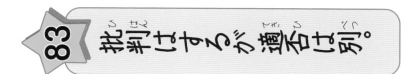

84 密《みつ》林《りん》の秘《ひ》境《きょう》を探《さぐ》る。

密《ミツ》 秘《ヒ》

個人《こじん》の□《ひ》□《みつ》は守《まも》られる。

社長《しゃちょう》と□《ひ》書《しょ》の□《みつ》談《だん》。

□《ひ》蔵《ぞう》っ子《こ》が精《せい》□《みつ》機械《きかい》を発明《はつめい》した。

オーロラは神《しん》□《ぴ》的《てき》だ。

接着剤《せっちゃくざい》で紙《かみ》と板《いた》を□《みっ》着《ちゃく》させる。

□《みつ》林《りん》の□《ひ》境《きょう》を探《さぐ》る。

月　　日

点／10点

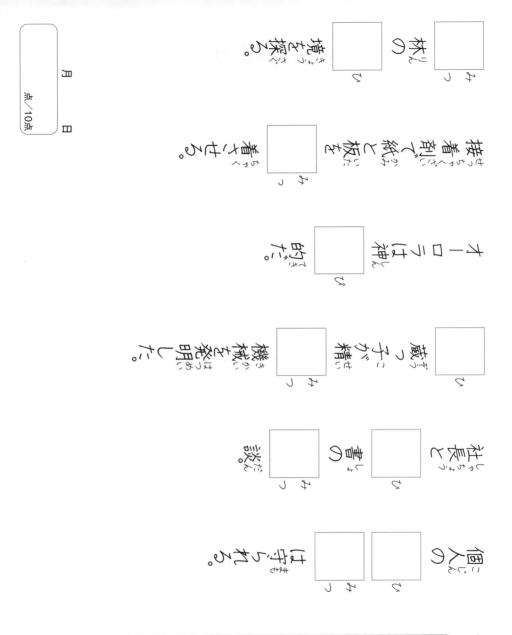

85 補《ほ》給《きゅう》額《がく》を奮《ふん》発《ぱつ》する。

補 ホ　おぎなう

奮 フン　ふるう

□《ふん》起《き》して会長《かいちょう》に立候《りっこう》□《ほ》。

□《ほ》欠《けつ》が発《はっ》□《ぷん》して正選手《せいせんしゅ》。

勇気《ゆうき》を□《ふる》って言葉《ことば》を□《おぎな》う。

□《ほ》強《きょう》した選手《せんしゅ》が奮《ふる》い立《た》つ。

興《こう》□《ふん》して討論《とうろん》を混乱《こんらん》させた。

□《ほ》給額《きゅうがく》を□《ふん》発《ぱつ》する。

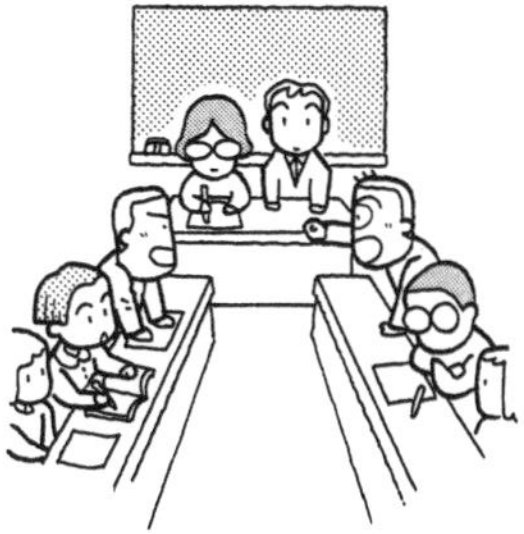

月　　日

点／10点

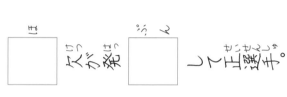

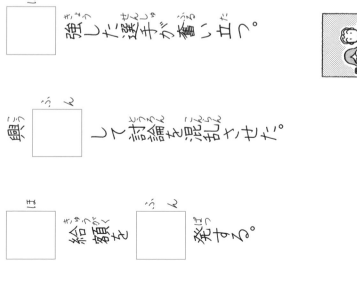

86 片《かた》手《て》で窓《まど》を閉《し》める。

片 かた

閉 ヘイ とじる しめる

□《へい》会式《かいしき》の後《あと》□《かた》付《づ》け。

□《かた》方《ほう》の目《め》を□《と》じる。

□《かた》側《がわ》の門《もん》が□《と》じていた。

家事《かじ》の□《かた》手《て》間《ま》の花作《はなづく》り。

月曜日《げつようび》、図書館《としょかん》は□《へい》館《かん》です。

□《かた》手《て》で窓《まど》を□《し》める。

月　　日

点／10点

87 反乱《はんらん》で兵《へい》が死亡《しぼう》した。

乱 ラン みだれる みだす

亡 ボウ

混《こん》□《らん》に乗《じょう》じて□《ぼう》命《めい》する。

源平《げんぺい》の存《そん》□《ぼう》をかけた平治《へいじ》の□《らん》。

応仁《おうにん》の□《らん》で都《みやこ》は混《こん》□《らん》。

平氏《へいし》のめつ□《ぼう》までをえがく平家《へいけ》物語《ものがたり》。

隊列《たいれつ》を□《みだ》さないように歩《ある》く。

反《はん》□《らん》で兵《へい》が死《し》□《ぼう》した。

月　日

点／10点

88 一《いち》枚《まい》の紙《かみ》の裏《うら》表《おもて》。

枚《マイ》
裏《うら》

大《たい》□《まい》をはたいて高級《こうきゅう》□《うら》地《じ》を買《か》う。

取《と》り札《ふだ》を二《に》□《まい》とも□《うら》返《がえ》す。

数《すう》□《まい》は□《うら》側《がわ》が使《つか》えない。

□《まい》数《すう》を正確《せいかく》に数《かぞ》える。

□《うら》通《どお》りで遊《あそ》ぶ五人《ごにん》の子供《こども》。

一《いち》□《まい》の紙《かみ》の□《うら》表《おもて》。

月　日

点／10点

89 薩長同盟《さっちょうどうめい》の倒幕軍《とうばくぐん》。

盟 メイ
幕 マク バク

1. □《めい》約《やく》を結《むす》び□《ばく》府《ふ》と戦《たたか》う下級《かきゅう》武士《ぶし》。
2. 二百《にひゃく》の加《か》□《めい》国参加《こくさんか》の五輪《ごりん》が開《かい》□《まく》。
3. 水泳連《すいえいれん》□《めい》全国大会《ぜんこくたいかい》が閉《へい》□《まく》。
4. 大《おお》きなはく手《しゅ》の中《なか》で□《まく》が開《あ》く。
5. 国連加《こくれんか》□《めい》国《こく》は約《やく》二百《にひゃっ》か国《こく》。
6. 薩長同《さっちょうどう》□《めい》の倒《とう》□《ばく》軍《ぐん》。

月　　日

点／10点

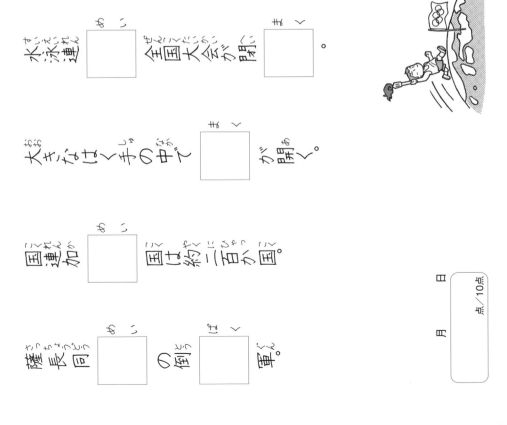

90 俳《はい》優《ゆう》の朗《ろう》読《どく》を聞《き》く。

優 ユウ　**朗** ロウ

試合《しあい》は日本《にほん》□《ゆう》勢《せい》との□《ろう》報《ほう》が届《とど》く。

□《ろう》読《どく》大会《たいかい》で□《ゆう》勝《しょう》した。

明《めい》□《ろう》な会計《かいけい》で□《ゆう》良《りょう》な組織《そしき》。

安全運転《あんぜんうんてん》を最《さい》□《ゆう》先《せん》する市《し》バス。

入学試験《にゅうがくしけん》に合格《ごうかく》の□《ろう》報《ほう》が届《とど》く。

俳《はい》□《ゆう》の□《ろう》読《どく》を聞《き》く。

月　日

点／10点

91 厳《きび》しい規律《きりつ》を守《まも》る。

厳　ゲン　きびしい
律　リツ

法《ほう》□《りつ》に照《て》らした□《げん》格《かく》な処分《しょぶん》。

運賃《うんちん》一《いち》□《りつ》値《ね》上《あ》げは□《きび》しい。

時間《じかん》□《げん》守《しゅ》が規《き》□《りつ》です。

父《ちち》に□《きび》しくしかられた。

一《いち》□《りつ》に五枚《ごまい》ずつ用紙《ようし》を配《くば》る。

□《きび》しい規《き》□《りつ》を守《まも》る。

月　日

点／10点

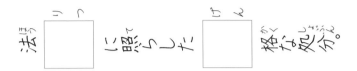

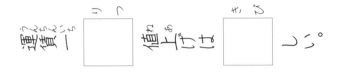

92 食券《しょくけん》を買《か》ってつり銭《せん》をもらう。

銭 セン　券 ケン

スーパー□《せん》湯《とう》の入場《にゅうじょう》□《けん》を買《か》う。

図書《としょ》□《けん》と古《こ》□《せん》を保管《ほかん》する。

商品《しょうひん》□《けん》を金《きん》□《せん》にかえる。

□《けん》売機《ばいき》できっぷを買《か》う。

悪《あく》□《せん》身《み》につかず。

食《しょく》□《けん》を買《か》ってつり□《せん》をもらう。

月　日

点／10点

93 恩《おん》師《し》と土《ど》俵《ひょう》入《い》りを見《み》る。

恩 オン

俵 ヒョウ たわら

□《おん》人《じん》に米《こめ》を百《ひゃく》□《ひょう》送《おく》る。

米《こめ》□《だわら》を送《おく》り□《おん》を返《かえ》す。

米《こめ》を一《いっ》□《ぴょう》もらい□《おん》義《ぎ》に感《かん》じる。

つるの□《おん》返《がえ》し。

□《たわら》の形《かたち》のおにぎりを作《つく》る。

□《おん》師《し》と土《ど》□《ひょう》入《い》りを見《み》る。

月　日

点／10点

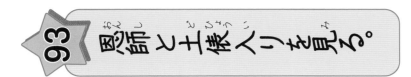

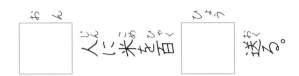

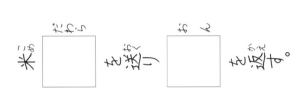

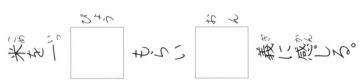

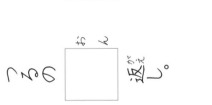

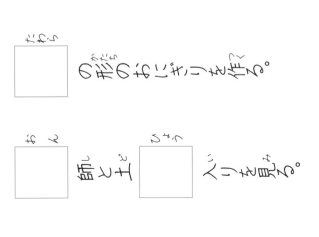

94 預《よ》金《きん》額《がく》を承《しょう》知《ち》している。

預 ヨ あずける あずかる
承 ショウ

□《よ》貯金《ちょきん》を使《つか》うのは□《しょう》服《ふく》できない。

□《よ》金《きん》を下《お》ろすことを□《しょう》認《にん》する。

子《こ》どもを□《あず》けることを□《しょう》だくする。

昔《むかし》から伝《でん》□《しょう》された祭《まつ》り。

銀行《ぎんこう》にお金《かね》を□《あず》ける。

□《よ》金額《きんがく》を□《しょう》知《ち》している。

あと少しだよ。最後まで集中してやろう！

月　日

点／10点

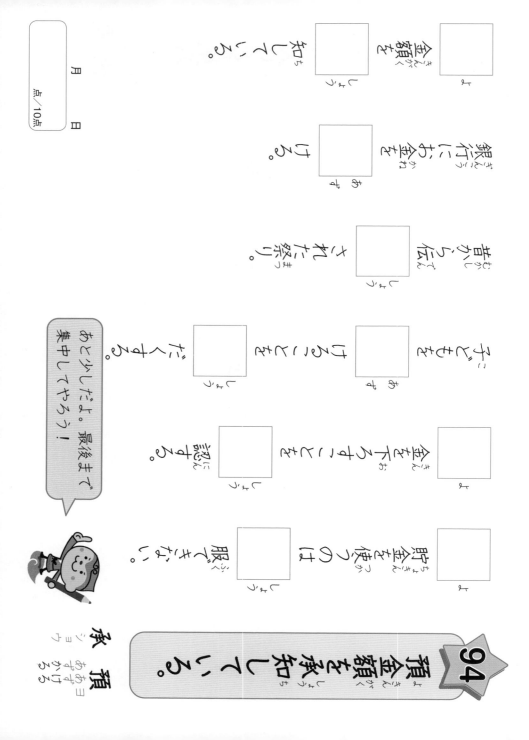

95 胃腸薬《いちょうやく》を飲《の》む。

胃 イ
腸 チョウ

□《い》も□《ちょう》もじょうぶです。

食《た》べた物《もの》は□《い》から□《ちょう》へ。

口《くち》・食道《しょくどう》・□《い》・□《ちょう》は一本《いっぽん》の管《くだ》。

□《い》カメラで検査《けんさ》する。

大《だい》□《ちょう》の病気《びょうき》が治《なお》る。

□《い》□《ちょう》薬《やく》を飲《の》む。

月　日

点／10点

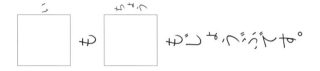

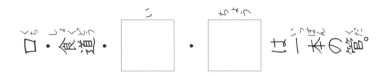

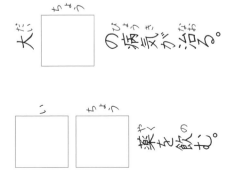

96 舌《した》を出《だ》して退《たい》席《せき》した。

舌 した

退 タイ しりぞく しりぞける

敵《てき》は□《した》を巻《ま》いて□《たい》散《さん》した。

□《たい》場《じょう》して□《した》打《う》ちをした選《せん》手《しゅ》。

牛《うし》は長《なが》い□《した》を出《だ》し、後《こう》□《たい》した。

道《どう》理《り》のない要《よう》求《きゅう》を□《しりぞ》ける。

□《たい》院《いん》が許《きょ》可《か》された。

□《した》を出《だ》して□《たい》席《せき》した。

月　　日

点／10点

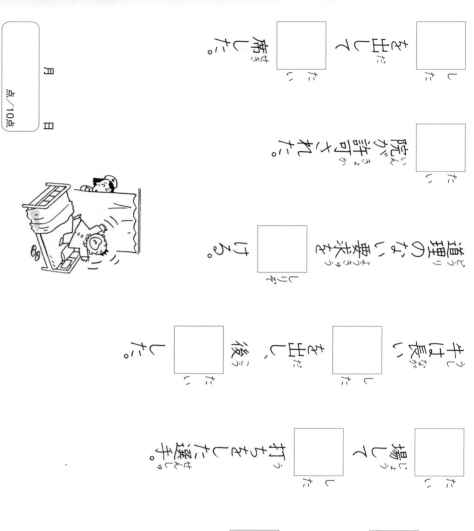

97 背中《せなか》に激痛《げきつう》が走《はし》る。

激 ゲキ　はげしい

痛 ツウ　いたい　いたむ　いためる

骨折《こっせつ》し、足《あし》が□《はげ》しく□《いた》む。

□《いた》みがだんだん□《はげ》しくなる。

戸《と》に□《はげ》しくぶつかり、頭《あたま》が□《いた》い。

□《はげ》しく泣《な》く友《とも》に寄《よ》りそう。

傷《きず》の□《いた》みにたえ、試合《しあい》に出場《しゅつじょう》。

背中《せなか》に□《げき》□《つう》が走《はし》る。

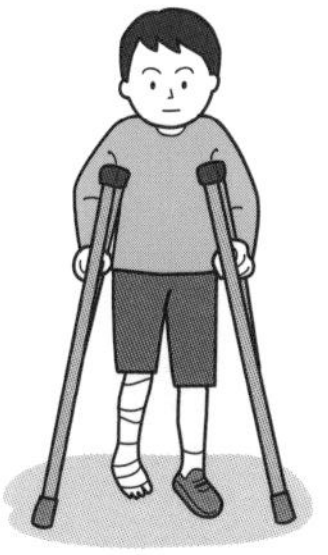

月　　日

点／10点

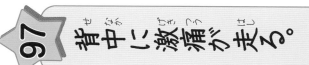

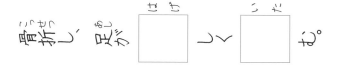

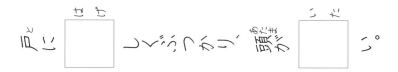

98 難《なん》病《びょう》治《ち》りょうに専《せん》念《ねん》する。

難 ナン むずかしい
専 セン

□《なん》問《もん》を平易《へいい》に教《おし》える理科《りか》□《せん》科《か》。

□《なん》問《もん》を簡単《かんたん》に解《と》く□《せん》門家《もんか》。

非《ひ》□《なん》され、□《むずか》しい立場《たちば》になる。

母《はは》は□《せん》業《ぎょう》主婦《しゅふ》です。

首相《しゅしょう》は□《せん》用機《ようき》で中国《ちゅうごく》へ行《い》った。

□《なん》病治《びょうち》りょうに□《せん》念《ねん》する。

月　　日

点／10点

99 党派《とうは》で分《わ》かれて問題解決《もんだいかいけつ》。

党《トウ》　派《ハ》

多数《たすう》□《は》政《せい》□《とう》から首相《しゅしょう》を選《えら》ぶ。

政党《せいとう》□《とう》□《は》で考《かんが》え方《かた》が異《こと》なる。

自由民権《じゆうみんけん》□《は》は政《せい》□《とう》を作《つく》った。

国会開設《こっかいかいせつ》に向《む》け、政《せい》□《とう》を作《つく》る。

問題《もんだい》が次々《つぎつぎ》□《は》生《せい》した。

□《とう》□《は》で分《わ》かれて問題解決《もんだいかいけつ》。

月　　日

点／10点

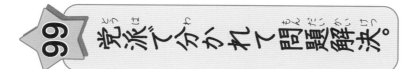

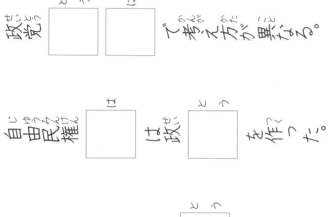

100 経済《けいざい》政策《せいさく》を学《まな》ぶ。

済《サイ・すむ・すます》

策《サク》

政府《せいふ》は経《けい》□《ざい》対《たい》□《さく》に五兆円《ごちょうえん》を支出《ししゅつ》。

経《けい》□《ざい》発展《はってん》だけが解決《かいけつ》□《さく》ではない。

試験対《しけんたい》□《さく》は□《す》ませた。

問題解決《もんだいかいけつ》の方《ほう》□《さく》を練《ね》る。

借金《しゃっきん》の返《へん》□《さい》が終《お》わる。

経《けい》□《ざい》政《せい》□《さく》を学《まな》ぶ。

6年生の漢字の学習が終わりました。
最後まで集中してがんばったね。さすが！

月　日

点／10点

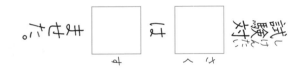

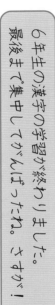

6年生で習う漢字　191字

※（　）は中学、((　)) は高校で習います。

ア

胃	イ
異	イ / こと
遺	イ
域	イキ
宇	ウ
映	エイ / うつ-る / うつ-す
延	エン / の-びる / の-べる / の-ばす
沿	エン / そ-う

ア

恩	オン

カ

我	(ガ) / われ
灰	(カイ) / はい
拡	カク
革	カク
閣	カク
割	(カツ) / わ-る / わり / わ-れる
株	かぶ

カ

干	カン ほ-す
巻	カン ま-く まき
看	カン
簡	カン
危	キ あぶ-ない
机	(キ) つくえ
揮	キ
貴	キ
疑	ギ うたが-う
吸	キュウ す-う

カ

供	キョウ そな-える とも
胸	キョウ むね
郷	キョウ
勤	キン つと-める
筋	キン すじ
系	ケイ
敬	ケイ うやま-う
警	ケイ
劇	ゲキ
激	ゲキ はげ-しい

カ

穴 （ケツ） あな

券 ケン

絹 （（ケン）） きぬ

権 ケン

憲 ケン

源 ゲン みなもと

厳 ゲン きびーしい

己 コ

呼 コ よーぶ

誤 ゴ あやまーる

カ

后 コウ

孝 コウ

皇 コウ オウ

紅 コウ べに

降 コウ おーりる ふーる

鋼 コウ

刻 コク きざーむ

穀 コク

骨 コツ ほね

困 コン こまーる

サ

姿《シ すがた》 私《シ わたくし わたし》 至《シ いた-る》 蚕《サン かいこ》 冊《サツ》 策《サク》 裁《サイ さば-く》 済《サイ す-む す-ます》 座《ザ》 砂《サ すな》

サ

収《シュウ おさ-める おさ-まる》 樹《ジュ》 若《(ジャク) わか-い》 尺《シャク》 捨《シャ す-てる》 射《シャ い-る》 磁《ジ》 誌《シ》 詞《シ》 視《シ》

サ

署	処	純	熟	縮	縦	従	衆	就	宗
ショ	ショ	ジュン	ジュク	シュク ちぢ-む ちぢ-める	ジュウ たて	ジュウ したが-う したが-える	シュウ	シュウ	シュウ

サ

垂	仁	針	蒸	障	傷	将	承	除	諸
スイ た-れる た-らす	ジン	シン はり	ジョウ	ショウ	ショウ きず	ショウ	ショウ (うけたまわ-る)	ジョ のぞ-く	ショ

サ

推	スイ
寸	スン
盛	(セイ) も-る
聖	セイ
誠	セイ
舌	(ゼツ) した
宣	セン
専	セン
泉	セン いずみ
洗	セン あら-う

サ

染	(セン) そ-める そ-まる
銭	セン (ぜに)
善	ゼン よ-い
奏	ソウ
窓	ソウ まど
創	ソウ つく-る
装	ソウ
層	ソウ
操	ソウ
蔵	ゾウ

サ

臓 ゾウ

存 ソン ゾン

尊 ソン たっと-ぶ とうと-い

タ

退 タイ しりぞ-く しりぞ-ける

宅 タク

担 タン

探 タン さが-す

誕 タン

段 ダン

暖 ダン あたた-かい あたた-める

タ

値 チ ね

宙 チュウ

忠 チュウ

著 チョ

庁 チョウ

頂 チョウ いただ-く いただき

腸 チョウ

潮 チョウ しお

賃 チン

痛 ツウ いた-い いた-む いた-める

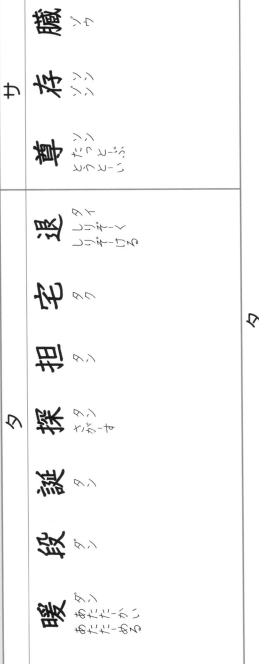

タ

- 敵 テキ (かたき)
- 展 テン
- 討 トウ
- 党 トウ
- 糖 トウ
- 届 とど-ける とど-く

ナ

- 難 ナン むずか-しい
- 乳 ニュウ ちち
- 認 (ニン) みと-める
- 納 ノウ おさ-める

ナ

- 脳 ノウ

ハ

- 派 ハ
- 拝 ハイ おが-む
- 背 ハイ せ せい
- 肺 ハイ
- 俳 ハイ
- 班 ハン
- 晩 バン
- 否 ヒ
- 批 ヒ

ハ

- 秘 ヒ
- 俵 ヒョウ / たわら
- 腹 フク / はら
- 奮 フン / ふる-う
- 並 (ヘイ) / なみ / なら-べる / なら-ぶ / なら-びに
- 陛 ヘイ
- 閉 ヘイ / と-じる / し-める
- 片 (ヘン) / かた
- 補 ホ / おぎな-う

ハ

- 暮 (ボ) / く-れる / く-らす
- 宝 ホウ / たから
- 訪 ホウ / たず-ねる
- 亡 ボウ
- 忘 (ボウ) / わす-れる
- 棒 ボウ

マ

- 枚 マイ
- 幕 マク / バク
- 密 ミツ
- 盟 メイ

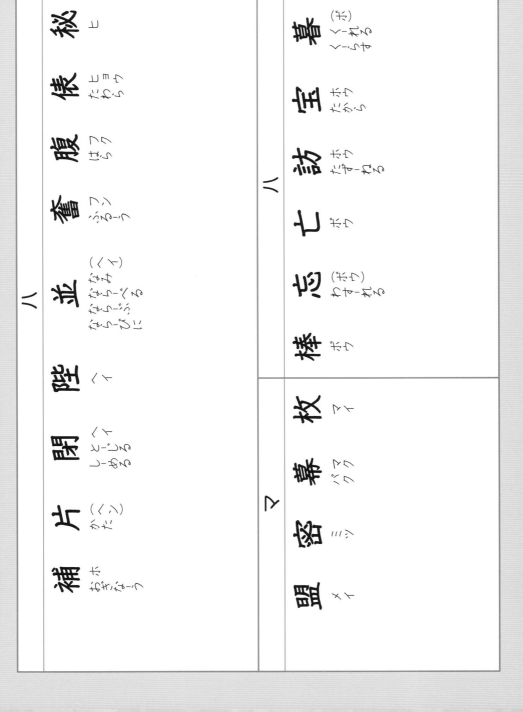

マ

- 模　モ　ボ

ヤ

- 訳　ヤク　わけ
- 郵　ユウ
- 優　ユウ
- 預　ヨ　あず-ける　あず-かる
- 幼　ヨウ　おさな-い
- 欲　ヨク
- 翌　ヨク

ラ

- 乱　ラン　みだ-れる　みだ-す
- 卵　(ラン)　たまご

ラ

- 覧　ラン
- 裏　(リ)　うら
- 律　リツ
- 臨　リン
- 朗　ロウ
- 論　ロン

特別な読み方

- 天皇　てんのう

学習の記録

	学習した漢字	点数		学習した漢字	点数
1	異・収		26	臓・肺	
2	遺・延		27	胸・痛	
3	域・臨		28	郷・紅	
4	宇・宙		29	就・勤	
5	映・俳		30	系・源	
6	筋・沿		31	尊・敬	
7	我・忘		32	降・激	
8	班・灰		33	砂・穴	
9	拡・縮		34	蚕・絹	
10	革・推		35	憲・権	
11	衆・閣		36	済・厳	
12	割・値		37	己・欲	
13	株・創		38	詞・誤	
14	干・潮		39	后・幼	
15	巻・尺		40	仁・孝	
16	若・看		41	鋼・除	
17	簡・郵		42	刻・庁	
18	危・警		43	操・縦	
19	机・姿		44	穀・誕	
20	奏・揮		45	骨・模	
21	貴・宝		46	困・難	
22	皇・陛		47	策・座	
23	疑・洗		48	熟・裁	
24	呼・吸		49	誌・冊	
25	供・劇		50	頂・至	

	学習した漢字	点数
51	私・論	
52	従・視	
53	磁・探	
54	射・専	
55	捨・処	
56	樹・並	
57	宗・聖	
58	純・善	
59	署・届	
60	派・諸	
61	将・敵	
62	段・傷	
63	蒸・障	
64	宅・針	
65	棒・垂	
66	忠・寸	
67	盛・糖	
68	誠・認	
69	宣・担	
70	泉・染	
71	晩・窓	
72	装・訪	
73	層・存	
74	蔵・訳	
75	賃・納	

	学習した漢字	点数
76	暮・暖	
77	脳・著	
78	展・覧	
79	党・討	
80	卵・乳	
81	腹・背	
82	拝・翌	
83	批・否	
84	密・秘	
85	補・奮	
86	片・閉	
87	乱・亡	
88	枚・裏	
89	盟・幕	
90	優・朗	
91	厳・律	
92	券・銭	
93	恩・俵	
94	預・承	
95	胃・腸	
96	舌・退	
97	激・痛	
98	難・専	
99	党・派	
100	済・策	